U0929855

教苑拾零

徐利广 著

江苏凤凰文艺出版社
JIANGSU PHOENIX LITERATURE AND
ART PUBLISHING, LTD

图书在版编目（C I P）数据

教苑拾零 / 徐利广著. -- 南京 : 江苏凤凰文艺出版社，2018.4

ISBN 978-7-5594-1473-1

Ⅰ. ①教… Ⅱ. ①徐… Ⅲ. ①小学语文课－教学研究－文集 Ⅳ. ①G624.202-53

中国版本图书馆 CIP 数据核字(2017)第 299818 号

书　　名	教苑拾零
著　　者	徐利广
责任编辑	王一冰
出版发行	江苏凤凰文艺出版社
出版社地址	南京市中央路 165 号，邮编：210009
出版社网址	http://www.jswenyi.com
印　　刷	北京潮河印刷有限公司
开　　本	890×1240 毫米　1/16
印　　张	17.25
字　　数	238 千字
版　　次	2018 年 4 月第 1 版　2018 年 4 月第 1 次印刷
标准书号	ISBN 978-7-5594-1473-1
定　　价	49.00 元

(江苏文艺版图书凡印刷、装订错误可随时向承印厂调换)

序一：真实的教育研究

利广兄与我是教育硕士时的同学，他的新著准备出版，嘱我作序。我愿意以学友的身份说说自己的感受。

我现在攻读博士学位，算是进入了教育研究的殿堂了，作为一个教育研究者，我常常把时间耗费在那些艰涩的学术论文的撰写上。过去我天天“教书”，在课堂上沉潜往返，闲暇的时候写几首不成韵的歪诗，也算是自得其乐了。而现在的我被这种无谓的形上之思如毒蛇缠绕，思绪纷乱。当我读到利广兄发来的文稿时，我才从镜像中看到从前的自己，在真实的教育情境中抒发自己真实的情感，虽然匠气十足，但是也性情率真。我突然间恍悟，真实的教育研究并不是发表的那些研究论文，而是真正站在教育现场灌注着生气的教育过程本身，其中的教育智慧之泉就自然流淌出来了。

教育是具有极强的实践性的活动，教育研究也理应在实践中开展，因此教研时候具有行动性和过程性的，是做出来的，不是写出来的，更不是随意拼凑出来的。实践才是教研的核心，写作与发表仅仅是其形式表达，远不是主要的，甚至是可有可无的。课堂、教室和校园以及现实的教学生活才是教研的战场，教研成果应该写在现实的教学活动过程与场所之中，写在师生的现实教学生活实践及其交往过程之中，它不应是空洞地杜撰和发表所谓教研论文或专著。教学思路的设计、教学内容的改变、教学方法的改革、师生关系的重组……总之，一切有助于教学生活改善，有助于教学质量提升，有助于师生成长与发展的新理念、新技术，都是教研成果的表现。

利广兄的这本文集正是这样的真实的教育研究，比起那些高深的研究论文要鲜活得多、智慧得多。这本文集分为教育随笔、教学论文、课题研究、教学案例等几个部分，这些随笔、论文、案例是从语文草堂里采撷的朵朵花瓣，是从小学语文教学宝库中发掘的点点珠玉。从这些教研成果的表述中，看到利广兄的教育教学智慧，以学生的发展为本，从不同的角度和层面，用不同的方式展示了小学语文充满生机与活力的课堂、充满智慧与灵性的教学、充满艰辛与香甜的成果。这里有方方面面的思考，从教育教学思想到课堂教学、家庭教育等等，可谓思想开阔，所见所闻皆成智慧，这里有学习方式的悄然改变，让学生的学习变被动为主动；这里有探究学习的探路，促成学生的深度学习。每个随笔、论文、案例，甚至是课题，源于教育教学实践但又不是简单的教育教学活动实录，它有相对完整的教育现场，以反映真实的教育过程，反映教育实践中的教师和学生角色的变化，揭示教育教学工作的复杂性，并引人思考。

唯有思想才能注入思想。作为一个真实的教育教学研究文集，我以为最大的价值就在于一次又一次地抛出了美丽的石子，在静寂的教育池塘上激起了一次又一次的涟漪。惟愿读者都能激起这层涟漪，“水晶帘动微风起，满架蔷盛一院香”。

这些感想，权当小序。

梅培军

2018.1.18.

序二

徐利广老师的《教苑拾零》已拜读，全书分四大板块：一是教育随笔；二是教学论文；三是课题研究；四是教学案例。我是逐字逐句细细读的，得空就读，用了一周的时间。读后很感动，很受益，收获颇丰，相见恨晚。

课程改革已经走过十多年不平凡的路程，尤其是江苏小学语文教育改革一直处在此起彼伏的活跃期，耕耘于教学一线的广大小学语文教师积极投入研究和实践，并在实践中不断地思考和探索，掌握了大量教育教学的第一手资料，积累了许多宝贵的教育经验。徐利广老师就是数以万计的课改推动者中最普通的那一个，他对教育事业的爱是真爱，正如他在文中所说："也许你拥有无数的金钱，但你不会比我幸福——因为我有一群爱读书的学生。"

徐老师的文字朴素，小中见大，尽显作者无比热爱教育之情怀。在《不要错过播种的季节》一文中，徐老师从与同事的闲聊中感悟学生阅读兴趣的培养机不可失，时不再来；在《抓住教育的机会》中，徐老师从同事因怕麻烦没有及时更换自行车上的幼儿坐椅，感慨教育时机不容错过，转瞬即失；在《双百的孳息》中，徐老师则在听到同事的谈论，由感而发，指出"游玩"不是用来奖励，而是做父母的责任所在；在《把学生当作课堂的主人》一文中，徐老师对自己在公开课中忘记发"星星"，耿耿于怀，勇于自我批评，直面反思自己的课堂，令人动容。这样的例子，书中比比皆是，举不胜举。所谓：君子务本，本立而道生。徐老师对生活体察细微，见解独特，阐述道理深入浅出，直指人心。徐老师善于捕捉生活和教学中的细节，加以剖析，上升到理论高度，给予教师智慧，寄读者以启迪，具有很强的学术性。

徐老师文风不华不丽，如涓涓细流轻轻在心间漫过，读来像是在和一位交心多年的老朋友聊天，不经意间诉说出对教育、对生活、对生命的顿悟，这与我写东西的风格特相近，是我最喜欢的那种：实在，坚持；不浮夸，接地气。读书，为精神打底，为人生奠基。徐老师不仅自己爱读书，与书为友，而且能够带领孩子们一起读书。《与孩子一起读书》《做合格的家长》《新学期随感》《让“魔杖”带给孩子生花妙笔》等文章，均提及他鼓励和引导孩子们多读书、读好书的经历。与学生一起读书，与女儿共同阅读，用爱心开启孩子心灵的窗户，走进他们的内心世界，成为他们的良师益友。可以想象，做他的学生是多么幸运，做他的女儿是多么幸福。

“操千曲而后晓声，观千剑而后识器。”徐老师那精炼的语言背后隐藏着深邃的思想，闪耀着智慧的光芒，带给我们的不只是怦然心动，还有强烈的震撼和无限的思考。“认识你自己。”这是古希腊哲学家对世人的告诫。“超越自己”——我想应该是徐老师的心愿！也让我们走近徐老师的文字，体会他对教育的热爱。

当下社会物欲横流，人心浮躁，追名逐利者无所不用其极，徐老师却能沉心静气，持之以恒地写下属于自己的文字，并最终汇集成册，实属难得！

文如其人，利广老师儒雅憨厚，待人真诚。按理讲，辛辛苦苦出本书，不容易，作序是大事，怎么着也得请个带“长”的权贵，顺便题个字，配张合影，压压场子；要不，请特级教师或教育界名师写个序，也可以为著作增色添光；实在不行，请个老板、老总级别的落个款，挂个名，没准还能获得赞助出书的费用……然，徐老师先是送稿上门，请我校正文字，后又对我说作序一事。我区区一平凡的乡村小学教师，一名普普通通的读者，充其量也就是虚长几个春秋，承蒙厚爱，叫声哥罢了！

生活是最真实的，是一切内心感受的根源。痛苦与爱恨都没有什么可分析，因为它们的意义就在于痛苦与爱恨本身。可喜的是生命的喜悦正藏于这些痛苦与爱恨甚至琐碎中。徐利广老师和我都不是作家，只是在认真工作的同时，用文字释放自己，结交同道而已。

愿《教苑拾零》这本书能让读者朋友受益！期待利广老师取得更大的成绩！

林光雷

2018 年 2 月 5 日凌晨

CONTENTS
目录

教育随笔

教学论文

课题研究

教学案例

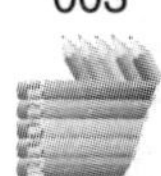

教育随笔

做幸福的老师

美国著名儿童教育专家吉姆·崔利斯说:“你或许拥有无限的财富，一箱箱的珍宝与一柜柜的黄金。但你永远不会比我富有——我有一位读书给我听的妈妈。”我把这句话翻版一下，也许你拥有无数的金钱，但你不会比我幸福——因为我有一群爱读书的学生。

对于大多数孩子来说，他们在出生时都是公平的，都是光着身子一丝不挂地来到世界，都是拥有一样健康的身体和睿智的大脑。这种相对公平的境况一直持续到上幼儿园才开始发生变化，区别的主要原因就在于家长是否只给了孩子吃的和穿的。有些家长除了满足子女在吃喝穿用方面永无止境的要求外，对其它的漠不关心，还自认为已经尽了家长的责任。在家庭教育严重缺失的情况下，扎扎实实的应试教育使得孩子对于学习毫无兴趣可言。哲人说，爱自己的孩子是人，爱别人的孩子是神。其实，作为老师，我们对于孩子的关爱常常超出父母对孩子的照顾。作为老师，我们的责任绝不是简单的给予，还应包括及时的赞美、必要的鼓动、温柔的安慰、有效的督促。为人师者，应该清楚地明白，什么可以帮助孩子做，什么不能帮助孩子做。要依据理性去判断，而不能单纯地凭直觉。所有的这些，必须要经过认真的思考和周密的计划，必要时甚至要做出令人痛苦的决定。

作为一名普通的教育工作者，我所能带给学生的，除了健康成长和快乐学习外,别的一无所能。为了培养孩子良好的学习习惯,我从学生上学的第一天起，就每天早上早早地来到教室看书；自习课时，我也会读一些故事给孩子听。在我的带动下,孩子渐渐爱上了读书,养成了很好的学习习惯。这让我感觉很欣慰，也许我不能带给孩子多少物质上的享受，但我会带他们进入一个充实的精神世界。阅读成为习惯仅仅是初级阶段，只有当其成为生命的需要，才是学习的高级阶段，才会给你的人生带来无尽的欢乐。

每天学生都有无尽的问题来问我，尽管有些问题很好笑，甚至于我都不知道如何去回答，但我都是耐着性子去一一解答。我相信总会有一天，他们会知道到书本中去寻求答案。这颗永不满足的好奇心将会不断激发他们求知的欲望。

繁忙的工作之余，看到学生的进步，所有的疲乏都会消失殆尽。也许，这就是为人师者的幸福吧！

为孩子推开阅读的一扇窗

颜真卿说："黑发不知勤学早，白首方悔读书迟。"陶渊明说："勤学如春起之苗，不见其增，日有所长。"儿时的我喜欢"随时能读书，随处可读书"的境地，常常享受书本带来的快乐以至废寝忘食。对我而言，"阅读"就是"悦读"。每拿到一本好书，总是手不释卷地一口气读完，就连晚上睡觉时也躺在床上看书，结果看成了深度近视眼。读师范时，不满足于学校图书馆的书目，经常到市区的新华书店去看书，那时的书店还不提供座椅，就只能站着读，常常站得腿都疼了，还舍不得把书放下。

2001年，我从淮阴师范毕业后，成了一名光荣的语文教师。沭阳县实验小学是一所百年名校，有着非常优秀的文化传统。为了能尽快地融入这个大家庭，尽早适应学校对教师的发展要求，做一名合格的"实小人"，我始终把多读书、读好书作为自我成长的重要途径。"笃学之，慎思之，明辨之。"将理论与自己的教学实践相结合，注意总结和反思，认真做好读书笔记，并力求创新。以读书促提高，以反思促成长。在多年的教学过程中，我始终坚持课课记录教学反思，月月撰写教育教学案例，努力做到边读边研，边教边悟。"他山之石，可以攻玉。"在总结自己教学经验的同时，我还大量阅读国内外教育大家的文章书籍，像苏霍姆林斯基的《给教师的一百条建议》、李镇西的《做最好的老师》等等。书中丰富的教育教学案例不仅活跃了我的课堂教学，其蕴含在文字中的教育思想和教育智慧更是感染了我，启迪了我，影响了我。联想到自己的亲身经历，我感受到，能成为一名教师是一件既幸运又幸福的事，因为我们每天在和学生交流相处中能收获到纯真的情感，这是其他任何职业都难以企及的。

孔子曰："学而不思则罔，思而不学则殆。"在我刚走上工作岗位的时候，学校的前辈们就谆谆教导我，要注重反思，只有不断反思，才能快速地进步。在我将近二十年的教育生涯中，我坚持教书与读书相结合，读书与反思相结合，教书与反思相结合，不死教书，不教死书。不断阅读与反思使我在教育教学中获得长足的进步。近年来有多篇论文发表或获奖，先后指导多名学生在各级各类报刊发表作文100余篇。本人执教的导读课《青铜葵花》获得县一等奖。2016年，我被聘为"宿迁市阅读推广人"。

生命是一段不断学习的美好历程，也许我永远无法欣赏成功彼岸的鲜花，但沿途的风景依然旖旎。只要时时不忘充实自己的内涵而不炫耀，人生的道路就会处处拥有美景。除了阅读和专业有关的书籍外，能令我心胸俱醉的还有那些经典名著《老子》《庄子》《学记》《论语》《大学》……手捧古籍，凝神静气，自己的思想、言行、价值观被微言大义潜移默化地影响着。这些经典著作使我学会做人、学会感恩、自立自强。"学高为师，身正为范"，榜样的力量是无穷的。其身正，不令而行，其身不正，虽令不从。每当学生走进教室看到我正在安静地阅读，他们也会轻轻地拿出书本，静静地徜徉于书的海洋。也许，有些经典不是教育教学的专著，但是其中的哲理却使我看问题更深刻，使我在教学中常常灵光突现。在新课程理念下，课堂上我们倡导师生之间碰撞出生成性知识，学生与文本之间进行对话，其实老师在课堂上有时也会产生新的灵感，有自我生成的智慧。阅读经典，使我在物欲横流的现实中找到一份安静的自我；在面对挫折与困难时，我的内心变得强大，充满自信。在一次次的教育契机中，我能抓住那忽闪一现的灵光，享受师生教学相长带来的快乐。为了帮助学生们认识中华文化的丰厚博大，汲取人类优秀文化的营养，我于2015年参与编辑出版了"弘扬中华民族优秀传统文化"系列教材《国学经典少儿启蒙读本》《中华民族传统核心价值观故事选编》《中国古代神话传说精选》《中华最美古诗词鉴赏》。这四本书从小学生的认知水平出发，分门别类对传统文化进行了精选和编辑，可以让学生更好地聆听中华的黄钟大吕，沐浴经典的和风细雨，传承中华文明，健康成长。2016年，我参与编辑了学校的课题实验专著《"六要素"高效课堂

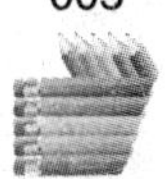

教学模式实验研究》，这本书已于同年 9 月顺利出版。

书是人类进步的阶梯，是终生的伴侣，是最诚挚的朋友。作为一名语文老师，我必须在自己大量阅读的同时，为学生打开阅读之窗，让学生欣赏窗外的迷人风光。为了和学生能有交流的话题，我经常捧起一本本童书，去感受那一个个有趣的故事。《会飞的教室》《汤姆叔叔的小屋》《大草原中的小房子》《海底两万里》《老人与海》《芝麻开门》等中外经典童书都是我阅读的对象。读完之后，我都会把这些有趣的故事讲给孩子们听，讲到关键之处，戛然而止，让学生到书中去寻找答案。为了引领学生阅读经典，我还从名著连环画入手，向学生推荐《三国演义》《水浒传》等系列经典小画册。简练的语言，生动的画面，极大地激发了孩子的阅读兴趣，为他们开启名著阅读之旅。

在教学中，我始终坚持“全民阅读，让阅读成为一种习惯”的理念，让学生意识到阅读如同一日三餐一样必不可少。每天的语文课上，我都会利用课始的几分钟，让学生朗读一篇故事或是自己的作文，培养学生的阅读兴趣和口语表达能力。每周的阅读课，都能向学生推荐一本好书，让学生爱上阅读，把阅读当作一种乐趣，指导学生读好《阅读》这本期刊。2015 至 2016 学年度，我班学生完成了《小学生必背古诗 75 首》《国学经典少儿启蒙读本》中的背诵活动。为了使自己腹中有“墨”，我利用课余时间阅读了《小学语文教师》《江苏教育》《小学语文教学研究》等教育期刊。

在阅读的影响下，学生在课堂上能够侃侃而谈，言谈举止中闪烁着智慧的火花。在每周的阅读交流课上，他们结合自己读过的书进行精心的准备，或评价人物，或赏析精彩片断，或有理有据地表达自己的观点。这种常态化的读书交流活动，不仅使学生在潜移默化中增长了见识，激发了读书的兴趣，而且培养了他们在众人面前敢说话、会表达的信心和能力。

捧着书本一路走来，伴随的是幸福的花开。携一缕书香，共一份月光，师生共同漫步在阅读的路上。书香氤氲着月光，落在岁月的琴弦，发出美好的弹唱。

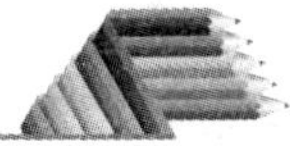

尊重儿童身心发展的一般规律

每个人的身心发展都遵循一些共同的规律，这些规律制约着我们的教育工作。利用这些规律，可以使教育工作取得好的效果。反之，则可能事倍功半，甚至挫伤孩子的学习兴趣。

一、不平衡性

个体身心发展的不平衡性主要表现在两个方面。首先是同一方面的发展速度，在不同的年龄阶段变化是不平衡的。其次是不同方面发展的不平衡性。有的方面在较早阶段就达到较高的发展水平，有的则要到较晚的年龄阶段才能达到成熟的水平。

因此，根据人的身心在不同方面有不同的发展期现象，我们应该注意孩子的发展关键期。所谓发展关键期，是指身体或心理的某一方面机能和能力最适宜形成的时期。在这一时期，对某一方面的训练可以获得最佳成效。一旦错过，训练的效果就会降低，甚至很难补偿。

有很多家长都以工作繁忙为由，对孩子听之任之，与很多极好的机会失之交臂。这样的结果往往是，孩子小时忙着赚钱，孩子长大后大量花钱。有时候，我们为人父母者，应该静下心来想一想，如果你有一百万，让你用这一百万去换一个健康快乐积极向上的孩子，你会愿意吗？我想，大多数人都会愿意的。可是，为什么在孩子的发展关键期，家长不能放弃一些赚钱的机会，多陪陪孩子，把孩子教育好呢？

二、顺序性

儿童的身心发展在整体上具有一定的顺序，身心发展的过程和特点的出现也具有一定的顺序。说得通俗一些，就是说在什么时候学习什么，都是有一定的顺序。如果家长随意调整，则无异于揠苗助长，得不偿失。

这里涉及一个成熟期的概念。前面说，如果错过了发展关键期，将造成无法弥补的损失。可是,如果,某些教育来得过早,也是有害无益的。人的一些素质，总是在发展过程中逐步成熟的。人的各种器官的构造和机能在刚开始都是孱弱无力的。对于培养孩子的特长应该因人而异的，应该在尊重儿童身心发展规律的基础上适当激发孩子的学习兴趣。如果家长仅仅为了不让孩子输在起跑线上，不考虑自己孩子的身心特点，盲目让孩子过早接触一些所谓的早教知识，则会加重负担，影响儿童身心的健康发展，譬如英语、奥数等。有的家长在小学低年级甚至是幼儿时期就去学习英语。当然，聪明的孩子会给家长带来意想不到的惊喜。可是，我们应该知道，小学二年级以前，孩子的主要任务是什么？是学习母语。人的精力总是有限的,有的孩子学一样尚且困难,何况去学习两样呢?学习英语，我个人一直认为，要到三年级以后，等汉语拼音基本掌握后再开始学习。事实上，苏教版教材也是在三年级开设英语课的。至于奥数，一定要在孩子学有余力的情况下学习，否则徒劳无益。

如果在教育孩子的过程中觉得疲惫，那么建议你反思一下，是否错过了发展关键期，抑或是颠倒了教育的顺序。世间的万事万物都有其特定的规律，我们只有认清这些规律，顺应这些规律，才能取得好的效果，教育亦如此。

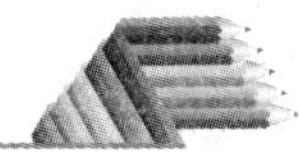

教学与教育

教学，顾名思义，就是教别人学习，教给他们知识。教育，则是在教学的基础上进行培育,使之养成良好的学习习惯,浓厚的学习兴趣和优秀的道德品质。

在我们的日常学习中，很多教师都认为教育只是班主任的事情，把自已置身度外，以至于很多教学水平很高的老师，不知道如何教育孩子。其实，我个人一直认为，培养孩子的学习兴趣和学习习惯要比孩子的高分重要得多。兴趣可以让孩子学习更主动，习惯则能使学习的兴趣持之以恒。

我有一个朋友，她的孩子成绩很优秀，在班级名列前茅。可她就是不满足，要拓展孩子的思维。征求我的意见时，我不知所云。因为我真是觉得二年级的孩子哪里需要做什么拓展练习呢？后来，她还是买了一本奥数书给孩子做。厚厚的一本书，就是成人也需要一定的耐力和毅力，何况一个八九岁的孩子。如果没有成人的督促和指导，孩子能够完成吗？既然不能完成，不但拓展不了孩子的思维，还会让孩子养成半途而废的恶习。孩子的童年是多么的美好，我们为人父母，为人师者，何必要强加那么多的任务在他们那稚嫩的肩上？

当前，形形色色的补习班多如牛毛，而且均冠以从娃娃抓起的口号。曾经很认真地和一个同事争论是否有必要送孩子去学英语。她的女儿和我的女儿是同学，所以我们经常交流一下子女教育方面的问题。那天，她忽然慨叹没有送女儿去学习英语。我说，孩子刚上一年级，学什么英语啊？我们争论了好久，争得面红耳赤。事后，我反思了好久，依然坚持认为：孩子至少要等到三年级以后才适合参加英语辅导班。苏教版的教材就是三年级才开设 3A 牛津英语的，我相信苏派的教育专家们一定是经过充分论证才做出这样的决定的。一二年级是孩子学习汉语的黄金时期，我们为什么要在这么重要的学习期间去分散他们的精力呢？学习一门语言和学习两门，其效果能一样吗？我们绝不应该以牺牲母语的代价去换取半生不熟的外语。当然，天才是有的，像钱锺书、陈寅恪这些几百年一遇的极具智慧的头颅，过目不忘，能够精通多门外语。

教育，其灵魂就在于根据受教育者的实际情况和实际能力采取切实可行的方法。如果我们不问子丑寅卯，一味地强加和灌输，那么充其量只能是教学。而没有教育的教学，对于任何一个受教育者来说，只能说是一种悲哀。

不要错过播种的季节

——谈学生阅读兴趣与作文能力培养

与同事闲聊时提到，她很爱看书，每次看书时孩子都会到她跟前，问这问那，煞是好奇。我说："这是好事啊，你可以培养孩子读书的兴趣。"她说孩子打扰了她读书，觉得很烦。我笑笑，未置可否，随便问了句："孩子现在爱看书吗？"她说："不知道呢，好像不怎么爱读。"我惋惜地说："你错过了播种的季节。"对于农民来说，错过了是一年没有收获。对于教育孩子来说，错过了，很可能就是一辈子的事情。

其实，每个孩子在最初的时候都是爱书的，他们对于未知世界充满了好奇，总想积极主动地去探索。在幼儿园，我们可以随处听到清脆悦耳的书声，随时看到争先恐后高举的小手，可以想到每个孩子不甘落后的心理。古人云，"人之初，性本善。"没有哪个孩子不想往好的方向发展，也没有哪个孩子不愿做最棒的孩子。可是，为什么随着年龄的增长，孩子的差别会越来越大？到了中高年级，孩子变得不爱读书，害怕作文。究其原因，就是后天的环境及家庭教育的不同对孩子产生了不同的影响。

凡是有些文化素养，读过一些书的家长，都应该知道，在孩子小的时候，总是对书本充满了好奇。当学会几个字，他就会摇头晃脑地读起来。也许他读得错字连篇，也许他读得结结巴巴。但这是孩子最初读书兴趣的萌芽。如果家长能够因势利导，让他感受到读书的乐趣，以后的阅读和作文就能收到事半功倍的效果。相反，如果家长漠然处之，甚至竭尽嘲讽呵斥之能事，则会无情地扼杀孩子的兴趣，给以后的学习之路埋下重重障碍。

孩子读了一些书以后，就可以尝试教孩子作文了。对于低年级的孩子来说。作文可以分这样的几个步骤。

一是听写。所谓听写，就是让孩子听家长读作文，读完后，自己凭印象去写。这种方法可以锻炼孩子的记忆能力和语言组织能力。当孩子练得多了，作文水平自然而然就会提高了。

二是仿写。所谓仿写，就是照着样子，依葫芦画瓢。比如说，照着例文仿写《我的妈妈》。一般第一部分是外貌描写，第二部分是通过一件事情来写妈妈的习惯或性格特点。

三是看图写话。图画有一幅图和多幅图之分，但不管是几幅图，都会培养孩子的想象能力。所有的文章都源于生活，同时又高于生活。如果跟生活一模一样，就会淡如白水，毫无生机可言。所以，孩子的想象能力非常重要，应该加强培养。

四是命题作文。这是我们常见的作文模式。文章分为小说、诗歌、散文、戏剧四大文学样式。当学生的作文加入大部分想象的内容，有矛盾冲突，有曲折的情节，便成了小说；当学生的作文言简意赅，言有尽而意无穷，就成了诗歌；当学生的作文充满了情感，形散而神聚，则是散文；当学生用对话的形式写出作文，即是戏剧。

育人先育心，育心如种田。春种一粒栗，秋收万颗子，有播种就会有收获。如果错过播种的季节，就只能望田兴叹，抱憾终生了。

做一名合格的老师

——读《向孩子学习：一种睿智的教育视角》有感

现在的春节，没有儿时焦急的期待，没有压岁钱的欣喜，没有新衣零食的兴奋。对于已届不惑的我来说，日子总是不紧不慢地从指缝间滑落。闲暇时分，有的人钟情于把盏言欢，有的人喜欢戏谑孔方，有的人爱好网络神游……而我，喜欢在静谧的时刻，捧一本好书，与智者倾心地交谈。

《向孩子学习：一种睿智的教育视角》就是一位博学的智者。她形象生动地叙述了在代际冲突日趋严重的今天向孩子学习的重要性。大量的事实证明，每个孩子都是与众不同的，就像那枝头的鲜花一样，独一无二，个性十足。他们思维活跃，举止大方，卓尔不群。作为长者，我们扪心自问，在如今的信息时代，有没有遇到自己不懂的知识而孩子却很熟知的情况？在知识的快速掌握应用和创新方面，我们不得不自愧弗如。其实，从另一个角度来说，成人——不过是一群长大的孩子；孩子——也是未长大的成人！孩子们悄然成长，留给我们的不仅仅是惊讶，更多的是赞叹。

假如人生是一条河，祖辈们挽起裤管，光着脚丫艰难地蹚过去；父辈们踩着木桥谨慎地走过去；我们则是轻松愉悦地走着公路桥；而今天的孩子们，走的则是纵横交错的立交桥。桥发生了变化，过桥时的感觉也完全不同。我们可以听祖辈父辈讲他们过桥的感觉，也可以给孩子讲自己走公路桥时的感觉，但是没有理由告诉孩子走哪一种桥的人更伟大。

“向孩子学习”不仅仅是一句口号，更是每一位家长每一位老师应该审视的一个问题。在大教育家陶行知先生眼里，儿童是一个个蕴藏着巨大创造潜能

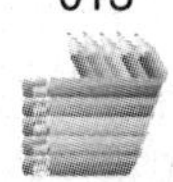

的人。因此，大人必须学会尊重孩子、欣赏孩子，向孩子学习。“我们要跟小孩子学习，不愿向小孩子学习的人，不配做小孩的老师。”因为孩子们有相当多的信息来源，在某些方面甚至超过了教师。虽然老师是教育者，学生是受教育者，但教育从来都不是绝对单向的活动，让我们满怀着珍惜和感激来学会倾听，学会沟通，以好奇的心情，小心坦然地到孩子发现的新大陆，一起分享他们成长的喜悦与激动。相信我们会在这无比美好的时光里，看到孩子们灿烂的笑脸。

当然，与大人相比，孩子缺乏知识。然而，他们富于好奇心、感受性和想象力，这些正是一个人最宝贵的智力品质，因此能够不受传统知识的束缚，用全新的眼光看世界。与大人相比，孩子缺乏阅历。然而，他们诚实、坦荡、率性，这些正是最宝贵的心灵品质，因此能够不受功利的支配，做事只凭真兴趣。

向孩子学习是一种境界，也是一种艺术。每个孩子都有值得成人学习的优点，但是因为年龄等原因，也不可避免地存在很多的弱点。如果家长对孩子的缺点视而不见，也是可悲的。比如：孩子矫揉造作，说这是天真可爱；孩子挥霍浪费，说他将来准挣大钱；孩子口出狂言，说胸有大志……殊不知，这样做只会使孩子独断专行，自由放任。如此惯出来的“小皇帝”，将来只怕是误已、误家、误国的“昏君”。遇到这些情况，老师也要因势利导，因材施教，让孩子树立正确的世界观、人生观和价值观。

《向孩子学习：一种睿智的教育视角》是本亲子教育书，也是执教者的必读书。它挑战传统的儿童观、成人观、教育观、学习观及文化传承观，提出了“向孩子学习，两代人共同成长”这一极具震撼力的口号。这本书让我从内心深处敬佩作者孙云晓对青少年儿童那种理性的、透彻的爱，以及对青少年儿童的信任和关爱，感受到他对当代教育深深的忧虑和反思。我们眼里司空见惯的教育现象，在他那里有了新的发现。他善于从儿童自身出发，去观察和思考教育，去认识教育过程中的各种关系。

掩卷细思，才猛然发现古今中外很多大家都有一颗毫无造作的童心。譬如陶行知、冰心、泰戈尔等，他们把一生的重要时光都献给了孩子。与此同时，孩子也给了他们灵感，给了他们无穷的激情。作为一名教师，我曾经焦急地希

望孩子的身上结出自己想得到却未曾得到的果实。读了孙老师的这本书，我渐渐地明白了，教师放下架子、蹲下身子和孩子说话，这也是一个互相教育、互相感染的过程，是一个共同参与、共同提高的过程。唯有如此，才能成为一名合格的老师。

秘密花园的秘密

——读《秘密花园》有感

最初阅读《秘密花园》时，并没有特别的感觉，直到苏珊·索尔比说的“有两件事对孩子最有害，一是不让他做自己想做的事情，二是事事都由着他们。”这句话出现在眼前，才让我一见而惊之，不敢弃也。苏珊作为一名12个孩子的妈妈，是一位贫穷的家庭妇女，却能说出这样有见地的话来，我不由得认为，这真是一本不简单的书。

《秘密花园》是20世纪美国著名女作家伯内特的代表作，小说讲述的是一个关于大自然的神奇力量和美好心灵追求的故事。缺少父母关爱的玛丽逐渐形成个性倔强、脾气古怪、专横霸道的性格。一场霍乱之灾夺取了她父母的生命，她万般无奈，几经辗转只身投奔姑父，见到了姑父的独生子柯林——一个五官精致、脸色苍白、脸上的肉都凹下去的小男孩。他身体虚弱，长期躺在床上生活，对生活失去信心，对佣人蛮不讲理。他俩几乎成了整座庄园的噩梦，直到有一天，他们碰到了狄肯——一个仆人的弟弟，从而让他们的生活发生了翻天覆地的变化。玛丽和狄肯在一次次游戏中，渐渐长成了结实健壮、开朗活泼的孩子。玛丽、狄肯又用“魔力”把柯林也变成了一个健壮开朗的男孩。

读完这本书，我掩卷长思。在物欲横流的现实生活中，很多人被工作所累，成为金钱或权力的奴隶，整天长吁短叹，这样的生活必定是悲哀的。通过阅读这本书，我想我们每个人都应该拥有阳光的心态。只要我们热爱生活，对生活充满信心，我们的生活就一定是灿烂美好的。

《秘密花园》这本书在迷人的自然风光中层层展开了有趣的神秘故事，我

们可以深深地感受到孩子的健康成长是如何得益于大自然的爱和力量。这本书可以培养青少年积极向上、热爱生活的情感，是青少年当之无愧的良师益友。那么，这本书带给我们哪些启示呢?

一、昂贵的教育不一定能培养出优秀的孩子

书中玛丽和柯林的家长都付出了大量的金钱，只要是能用钱换来的东西，他们都可以拥有。结果怎么样呢？一个蛮横无理，一个卧床不起。因为他们没有快乐，而“对一个健康的孩子来说，任何一天，笑声总比药丸强”。孩子们都热爱自然，渴望摆脱束缚。顺应活泼天性的要求，沐浴着大自然的气息长大的孩子，感受着爱和被爱的孩子，才是真正健康的。这一思想贯穿了整个故事。伯内特女士的笔尖自始至终流淌着爱。在她的字里行间，原本千差万别的孩子们，都收获了成长的快乐和喜悦。这一切，都是因为“爱”，都是因为“大自然”。

二、不要放弃作为一名父亲的责任

玛丽的爸爸因为工作忙没有照顾孩子，柯林的爸爸因为伤心过度而没有尽到父亲的责任。文中是这样描述的：“他不是有意要做一个坏爸爸，但是他一点没有做爸爸的感觉，他给儿子请来医生、保姆，让他应有尽有，但是他连想都不敢想这个儿子，他把自己深深地埋在自己的悲哀里。”通过这段话，我们可以看出来，他爱不爱自己的孩子呢？当然非常爱。但是爱孩子是老母鸡都会做的事情。作为万物之灵的人类，我们该如何去爱孩子呢？难道像文中的爸爸那样，给孩子买吃的、喝的，满足孩子无休无止的要求，这就叫爱吗？这样的做法是大错特错的。

当前，有些家庭的生活模式是父亲拼命工作，母亲全力照顾孩子和家庭。其实，父亲不仅仅要给予孩子物质生活的保障，更要给予孩子宝贵的精神财富。父亲对孩子发展的影响，与母亲同等重要。母亲更多地给予孩子温情与舒适，

而父亲则提供力量、支持与依靠。因此，父亲千万不要轻易放弃自己应有的权利和义务，要尽可能多给孩子一些父爱。如果父亲能够有效地教育子女，那么孩子不但有能力与其同龄人相处得更好，还能显示出更强的自信心。

三、让孩子做力所能及的事情

相信大多数家长都遇到过这样的情况，孩子吃饭时不想吃饭。有些孩子小时候吃饭都要家长追着喂，喂一口吃一口，不喂不吃，有时候喂都不吃，让家长十分头疼。其实我们静下心来想一想，孩子为什么会不吃饭？原因很简单，那就是他还不饿。为什么不饿？那是因为没有做事，或者是经常吃零食而导致肠胃功能紊乱了。就像书中的玛丽和柯林一样，他们一开始看到食物就皱眉头，当他们在秘密花园劳动以后，就总是饿得不知怎样才能吃饱，吃饭的时候话都不讲。

很多家长都会觉得自己的孩子比较粗心，不管怎么打骂，怎么教育都不起作用。我个人认为，孩子的粗心主要是有两个方面的原因，一是对题目不熟悉，练习得太少。二是在孩子小的时候没有做游戏，没有让孩子自己做自己的事情。比如说自己穿衣服、盛饭等力所能及的事情。我们来看看柯林吧。他由于长期被佣人服侍，连床都不用下，所以导致他连路都不会走。他是这样说的："我的脚其实没病，只是又细又没力，而且抖个不停，所以我不敢站起来。"他的脚为什么又细又无力呢？那就是因为从来没有走过路。如果你的孩子很少做事，或者是从来没有做过事情，那么他的手就得不到锻炼。我们知道，是劳动创造了人。人只有通过劳动，才能使自己的大脑得到发育，只有通过劳动，才能使观察力得到增强，才能养成集中注意力去做一件事情，才能使自己的身体健康成长。

四、要让孩子多与孩子相处

书中的梅德洛克太太说："玛丽小姐也许不是个好孩子，她也许不是个漂亮的孩子，但她是个孩子，而孩子需要孩子。"在我们的现实生活中，由于各种各

样的原因，大多数孩子都只能与玩具为伍。大多数女孩子都买过芭比娃娃，她们给芭比娃娃穿衣服，给娃娃买玩具，和娃娃说话。其实，在她们的内心深处，是多么渴望和孩子一起玩耍啊！而我们的一些家长，由于害怕孩子在一起玩会受伤，会发生矛盾，所以总是不愿意让孩子们一起玩。即使偶尔在一起玩的，一有点小矛盾，就立即插手过问，要么是斥责，要么是分开。现在的孩子大多数都比较自私。梅德洛克太太说："地球像个橙子，我在十年前就懂得的，这个橙子不属于任何人，每个人都只能拥有属于他的一个角落，有时候，你会觉得这个角落太小，让你无法自由活动。但是你们——你们所有人，不要以为你们拥有整个橙子。否则，你们会发现你们是错的。当然，不经过严重的挫折，你们不会懂得这个道理。"孩子有孩子处理问题的方式，一个显著的特点就是不记仇，一会儿闹得不可开交，一会儿就和好了。孩子们也只有通过与孩子的相处，才能克服自私自利的毛病，从而适应这个社会。

在物质丰富却精神贫瘠的现代社会，人们都在为儿童的教育问题而纠结。升学、就业等现实矛盾不仅压垮了父母，更是剥夺了孩子们的欢声笑语。为人父母者，首先要完成对自我的再教育，进而对子女的言行起到积极的表率。毫无疑问，《秘密花园》就是解开心结的一把金钥匙。

抓住教育的机会

放晚学时，看到同事骑着自行车带着孩子走出校门。自行车的后面安放着幼儿坐的椅子，她那七岁的女儿就弯曲着小腿坐在那么小的椅子上。我感到很惊讶，“你怎么不把椅子拿下来呢？”她笑眯眯地说：“不想麻烦。”我惊诧莫名，卸个椅子而已，能有多烦？

孩子的成长都会有些标志性的事件，比如三翻六坐九爬爬，比如能站了，能走了，能跑了，再比如到后来的青春期，直到结婚生子，标志着一个孩子终于成为大人。在国外，是以年龄 18 周岁作为成人的标志。国内虽然法律上也是这么认可的，但在国人心中，大都是以结婚作为成年的标准。

每件有代表意义的标志性事件出现后，作为家长，我们应该及时地予以引导和教育。就像上述的小椅子，相信大多数家长都让孩子坐过。可是，当孩子慢慢地长大，那椅子就不再适合孩子了。如果一直让他坐下去，势必会让孩子在心里认为，我还小，还没有长大。当决定把椅子拿下来时，还应该告诉孩子，征求孩子的意见。每个孩子都是盼望长大的，你越早把他当成大人来看待，他就越早长大成人。你告诉他，现在要把椅子拿下来了，因为你长大了，你要比原来更听话，更懂事，更爱学习。

当然，每一个教育的机会都是短暂的，如果我们不能善于捕捉而错失良机，那么最终只能是黑发不知教育好，白首方悔家教迟。

不要剥夺孩子自由成长的权利

现在的独生子女享受着得天独厚的优越条件，三千宠爱集于一身——小时抱着，大时惯着，成年后还要陪着。从表面看，这是对孩子无微不至的关心和照顾。然而，事情的实质是什么呢？是父母们在追求自己内心的平衡与安心。因为如果不那样，父母就会觉得担心，觉得心里不安。因此，为了这种心安理得的自私心理，中国式的父母往往选择剥夺孩子自由成长的权利。

每个孩子在最初的时候都渴望独立，希望得到家长的认可，社会的承认。以我个人为例，儿时也是和父母住在一起，因为经济条件的限制，因为父母的担忧，很难独处一室。直到上了师范，我接连写了三封长信给母亲，才终于得到一间属于自己的小屋。

在我最初想把女儿分出去的时候，也不免有许多担心，夜晚冻着怎么办？掉下床来怎么办？……可是，我还是决定忍痛让她自己住一个房间，自己睡一张小床。因为我知道，她有自由成长的权利，适应环境的本能会让她安然度过适应期。那天，我告诉她，上小学了，你应该自己睡了，她很高兴地答应了。事实证明，她完全有能力自己睡一张小床。以后，每遇到一些标志性的日期，我都会告诉她应该做什么，给她提一些更高的要求。

今年，女儿9岁，她独自一人去参加夏令营活动，我很担心，但是这种担心只能由我来承受。我不能因为自己的担心而束缚她自由成长的空间。

培养下一代独立生活、自主发展的意识和能力，是当代中国家庭最需要补上的一课。受中国传统观念的影响，家长们总是过分地关爱孩子，总想为孩子安排好从衣食住行到职业婚育等一切事情。为什么会这样呢？因为想着“老有

所依”。这种自私的想法往往剥夺了年轻一代独立面对社会、自主决策的权利和机会。作为家长,我们必须明白,只有让孩子学会把前途和命运掌握在自己手里,才能在将来从容面对复杂多变的世界。

双百的孳息

女儿这次考了双一百，她就问妈妈送什么礼物给她。她妈妈给了很多承诺，吃的，喝的，穿的，都答应买一些。

无独有偶，到女儿的班级转转，听到几个老师在谈论自家的孩子，孩子们都考了双百。家长在兴高采烈地说着打算带孩子去干嘛干嘛，作为对孩子的奖赏。

与一个朋友闲聊，说起五一出游之事。他说，如果孩子这次考双一百，就带孩子去玩。

记得鲁迅小时喜欢去看庙会，临行前父亲却让他背诗，背会了才允许去。结果，去了以后索然无味。

我认为，是否带孩子去玩，是否给孩子礼物，与孩子的成绩应该一点关系也没有。有一个家长对我说，孩子考第一名就要什么买什么，考不了第一就不买。我对这个家长说："你不要这样说，如果考第二呢，你买不买呢？你要买的话，完全可以说，我买东西给你，是因为你是我儿子，我爱你。"

对孩子许诺，考了一百分，如何如何，考了第一名，怎么样怎么样。这种做法，也许能起到短暂的作用。然而，弊总是大于利的。这样极易让孩子产生一种为物质而学习的念头。孩子得到家长的礼物后，也会认为是自己应该得到的，完全失去了亲情的联系。

孩子是有差异性的，不管怎么样，每个家长都会视若掌上明珠。那么，我们为什么不把这种感觉告诉孩子呢？非要让这种亲情披上冷漠的外衣。我认为，只要孩子取得阶段性的进步，只要能够尽心尽力地学习、做事。作为家长都可以予以奖励，需要对孩子说明的，就是我给你奖励，是因为你是我孩子，因为你最近表现优秀。至于，是否得双百，是否为第一，那都不重要。

家长如何应付孩子做错题目

有些家长一看到孩子做错题目，就非常生气，往往采用罚抄、训斥等方式。实际上，这些方法都是不正确的。

孩子正处于成长阶段，每天都要接受新知识，有一些错误在所难免。作为家长，当我们看到孩子题目做错的时候，应该帮助孩子分析原因，找到错误的源头。如果是因为不太熟练，就要帮助孩子复习一下，使其完全掌握新的知识。如果是孩子粗心大意而造成不该错的错了，那就要高度重视。首先要耐心引导，平时多鼓励孩子要细心，多读题多思考，想好再写，写时别慌张，尽量少出错，有进步就表扬，从而逐渐养成良好的学习习惯。其次是培养孩子细致的观察能力和灵活的动手操作能力。所谓的马虎或粗心大都是由孩子的观察力不强和动手操作能力较差引起的。在幼儿时期,家长可以带孩子玩一些小游戏,如玩积木、叠纸等。稍大一些,要培养孩子做一些力所能及的事情,如整理书包、穿衣、吃饭、洗脸等。

每个家长都很爱孩子，但爱要有度。无微不至的照顾，毫无节制的满足，无所顾忌的给予，只能让孩子产生对家长的依赖。这些不仅会使孩子的生活自理能力很差，也会表现在学习习惯上，极易形成粗心、马虎的恶习。

与孩子一起读书

放学时，我跟女儿说，今晚吃过饭后，我们一起读书啊，她很高兴地答应了。

晚饭后，孩子就一直催着去读书。我们刚要开始时，她妈妈回来了，她们就一起不停地讲话。我说："你们慢慢讲，我要读书了。"我刚坐下，孩子就进来了，坐在我旁边，开始读她自已的书。

一会儿，她妈妈拿了一个橘子过来，要喂给孩子吃。我说："你走吧，请不要打扰我们看书。"其实，我知道，孩子读书时，是不能打扰的。事情并不是单纯打扰了读书那么简单，而是会造成孩子做任何事情都不专心的恶果。现在有很多孩子做事情，总是无法专心，不是玩这样就是玩那样。这与家庭的影响是有很大关系的。有些家长，就喜欢在孩子学习时坐旁边，一会儿问饿了吗，一会说渴了吗，一会儿说你这不对，那不好。总之，就没有一刻安稳的时候。而孩子呢，也习惯了，让家长做这样做那样，甚至刨铅笔，整理书包这些小事，都让家长代劳。

有时家长会抱怨，自己的孩子就是不爱看书，对此感到束手无策。可是，我想问的是，你自己喜欢看书吗？自己成天打麻将、看电视、玩手机、逛街，却叫孩子去读书，孩子怎么能认真去读书呢？

其实，要把孩子教好，最简单的方法就是以身作则，树立良好的榜样。

检查作业

双休日，女儿让我检查作业。我问有多少，她说：“语文两页，数学 4 页。”我说：“这么多啊？：

她说：“是啊，不然怎么会做这么长时间啊？”

“那你不是累坏了吗？”我故作惊讶地说。

“是有点累”，她歪着脑袋想了一会儿说，“幸亏我那天就做了一些。”

“就这样还是很辛苦啊！”我继续表示同情。

“还好啦！”她心情忽地转好，“你看，这些作业，还是挺简单的嘛！”

我迅速查完作业，语文数学全部正确。我惊喜地说：“做了这么多作业，你居然一题没错，真是太棒了哦。”

她高兴地说：“我再看看数学报吧。”

其实，每个人在面对一大堆要做的事情时，都会有一些怨恨和牢骚。孩子都有好玩的天性，那么多的作业，即使是教师眼中的优秀学生，也会觉得厌烦。作为家长，面对孩子的不满，我们切不可围追堵截，迎头痛击，也不能放任自流。我们应关注孩子的心理变化，适时引导，在给予理解和同情的基础上，把孩子引入正确的道路。

从童话向名著的转向

女儿跟我说，老师布置寒假阅读《老人与海》。我心里一惊：才三年级就读到名著了？

我来自苏北平原上非常偏远落后的一个村庄，幼时不懂经典和童话为何物，中小学期间没有读过一本课外书，这种状况一直持续到进入师范。就像刘姥姥进入大观园，又像秦代的武士进入现代，相当长时间的手足无措后，终于痛定思痛，重头弥补。

在世界文学宝库的百花园里，我就像一只笨拙的蜜蜂，还未来得及采撷多少花蜜，便匆匆踏上了人生的另一个驿站。女儿似乎对读书情有独钟，尤其幸运的是，她遇到了一位在阅读教学方面颇有见地的老师——王婷婷老师。在王老师的带领下，孩子在童话王国中尽情地畅游，在袅袅书香中健康而快乐地成长。

《老人与海》写的是老渔夫桑地亚哥在海上的捕鱼经历：老人制服大鱼后，在返航途中又同鲨鱼进行惊险的搏斗。作品用大马林鱼象征人生的理想和人类作为生命本身所不可避免的所具有的欲望，用鲨鱼象征无法摆脱的悲剧命运，用大海象征变化无常的人类社会，桑地亚哥则是人类中的勇士与强大势力搏斗的“硬汉”代表。

海明威说：“人生来就不是为了被打败的，人能够被毁灭，但是不能够被打败。”这句话不由得让我想起刘伟。他 10 岁时因触电意外失去双臂，12 岁学习游泳，14 岁获得全国游泳冠军，16 岁学习打字，19 岁自学钢琴。在中国达人秀舞台上，他用脚弹奏的《梦中的婚礼》让在场的以及电视机前的观众们潸然泪下。他那句“要么赶紧死，要么精彩的活着”感动了多少个热血的青年，让

人们对美好的明天充满了希望。在所有的童话故事中，灰姑娘终究能找到心中的白马王子，然而，现实中却存在着各种各样的悲剧。每部名著都可以看作是一个相对真实存在的社会。我们的孩子绝不能永远生活在童话中，从童话向名著的转型，是王老师阅读教学的一个大胆尝试，也是孩子成长的一个分水岭。我们期待着，孩子在名著的熏陶下，能够更加茁壮地成长。

浅谈对孩子坏习惯的厌恶治疗法

——观泰国电影《永恒》有感

电影《永恒》是一部爱情片，讲的是一个不惑之年的富商娶了位年轻貌美的妻子，娇美的妻子因寂寞难耐与富商的侄子红杏出墙。东窗事发后，叔叔同意他们在一起，但条件是两人必须一直在一起，永世不得分离。他还特意命人打造了一副十分结实的铁链，把两人链在一起。叔叔的条件是如果要打开铁链，就必须杀死其中一个。小两口起初欣喜若狂，自认为找到了真正的幸福。他们在一起游山玩水，愉快地度过了一段蜜月期。然而，随着时间的推移，各种争端开始慢慢地迸发。后来的结局自然十分凄惨，男人想要自杀，女人却抢先一步扣动扳机。

人们常说，爱情是永恒的主题。处于热恋中的男女，无不期望获得永恒。而一旦长相厮守,必定硝烟弥漫。影片的中的男女主人公不能说不是深爱着对方，因为他们都想让自己死去，让对方获得自由。有一首诗写得好，“生命诚可贵，爱情价更高。若为自由故，二者皆可抛。”所谓永恒的爱情，乃是建立在自由的基础上。没有自由，爱情只不过是空中楼阁、海市蜃楼而已。遗憾的是，众多红尘中的男女，只顾自己对爱情执着的追求，而忽略了对方自由的感受，最终分道扬镳。

常言道，有一千个读者就有一千个哈姆雷特。看完这部爱情片，我最大的感受，还是教育中的若干问题。影片中的富商叔叔，虽然不可谓不阴险，但是他却具备一个教育家的潜质，因为他知道如何使用厌恶治疗法。

所谓厌恶治疗法，就是让一个人长期做一件自己特别喜欢的事情，直到厌

恶为止。这种方法，对于改正一个孩子的坏习惯，具有特殊的疗效，经过无数的教育实践，屡试不爽。

大多数家长，一旦发现孩子有了坏习惯，第一感觉就是阻止。实际上，堵是没有什么效果的，而且常常适得其反，疏导的作用往往更好。大多数孩子都有这样的心态，就是越不让做的事情，越想去做，也就是我们家长通常说的逆反心理。

谈到这里，也许有的家长会一头雾水。难道孩子的坏习惯就任其发展下去吗？答案当然是否定的。本文所提的厌恶治疗法，就是要让孩子的坏习惯一直延续到厌恶为止。譬如孩子喜欢上网玩游戏，如果他自己能控制自己的时间，当然无需厌恶疗法。如果他不能自控，则大多是没有得到尽情玩足的缘故。如果你想帮他改正这个恶习，则可以让他一直不停去玩。也许，有的家长会说，这样的结果可能会更糟。其实不然，只要你让他把玩游戏当作任务去完成。而且每天必须要玩完规定的时间，除了吃饭睡觉的时间，都要一直在玩。他一定会有厌恶的时候。

所谓娱乐，是在身心自由舒畅的时候，做自己想做的事情。一旦某件事情成了任务，那就不是娱乐了。当然，教育的问题见仁见智。世上没有两片同样的树叶。教育的时机也可能稍纵即逝。厌恶疗法的关键所在是不能让其有恢复的时间，如果你做不到这一点，所有的努力都将功亏一篑。

做合格的家长

——读《教师自己要做合格的家长》有感

最近读了很多书，写的却是很少。一则因为时间很紧张，忙于课务，忙于学校的琐事，更为自己的教育硕士毕业论文忙得焦头烂额；二则因为天气寒冷，身体欠佳，坐下一会儿就会觉得膝盖发冷，站立都很困难。今天读了《教师自己要做合格的家长》，不禁感慨万千，再也忍不住一吐为快的冲动。

几年前，我曾思考过教学与教育的问题。很多教师对于教学很精通，培养了一大批高分的学生。可是，对于自己的孩子却往往束手无策。究其原因，就是教师自己不懂教育。这不能不说是中国教育的一大悲哀。比如教师不爱读书，自身行为习惯不良等。

我一直很注意自身的行为，努力给孩子一个良好的榜样。女儿上小学第一天的课间，她偷偷地跑到我的办公室。我问她有事吗，她说没有事。办公室的一个同事笑了："没什么事可不要到办公室来哟！"以后，女儿真的就从来没有去办公室。她情愿忍受上完体育课的口干舌燥，也不愿意到我的办公室要口水喝。我觉得女儿在这方面做得很好，她把自己当成普通学生的一员，没有特殊的权利。最近，我看到一些教师子女动不动就到办公室玩耍，吃东西，甚至在课间操时不做操而跑到办公室玩耍。我觉得这样很不好，也曾从侧面提醒过一些老师。可是老师们不理解，我也不便多说。可怜天下父母心，也许这方面的弊端要到显露的时候家长才能体会。每次送孩子上学，我都是送到大门口，让她自己走进校园。因为我希望她能与别的孩子一样，没有作为教师子女的优越感。可是，

越来越多的教师利用自己上班的优势，把孩子送到教室门口。随着年级的增高，上课的时间越来越提前。为了孩子上学不迟到，因为担心孩子背不动沉重的书包，我也会把孩子送到教室的门口。这一点我做得不够好，以后要努力改正。我的女儿是个很明事理的孩子，相信她在看到这篇文章时也会理解父亲的良苦用心。

女儿小时候很爱读书，平均每年要读 200 本左右。进入四年级以来，读书没有那么勤奋了。什么原因呢？我一直在苦苦地思索着。除了学习任务的加重，兴趣爱好的转移，还有一个重要的原因，就是家长没有做到热爱阅读。利用寒假老师布置读《史记》的契机，我和孩子一起读完了这本书。孩子读得很开心，虽然很艰难，里面有很多不认识的字，但我们坚持认真地读完了。有时，我有事不在家，孩子也能自己去读完计划内的篇章。

经常有家长问我如何提高孩子的作文能力，表现出很焦灼的心情，巴不得一下子能求得灵丹妙药，让孩子瞬间就能突飞猛进。实际上，语文素养的提高，需要长期的日积月累。作为家长，我们不要只做法律意义上的父母，更应该成为教育层面的合格父母。

东西不过是东西

小时候曾经有过两个梦想，一是在学校门口修理钢笔；二是开一个修理门市，维修农机产品。第一个理想随着时间的推移而渐渐忘却，第二个理想因为母亲的强烈反对而灰飞烟灭。

虽然梦想没有实现，但在家修理物件却让我大展身手。自初中起，家里所有电器、农机等都由我修理。有时候，一些准备扔掉的灯座、开关等经过我的整修，都完好如新，能继续使用很长一段时间。

当然，也有马失前蹄的时候。有一年，家里新购了一辆农用三轮车。在我的建议下，父亲买了一个备胎。可是，外胎和内胎却是分开的。我看着技痒，就想把它组装起来。当费尽九牛二虎之力，终于完工的时候，才发现自己犯了一个极大的错误。人家专业维修人员用的撬棍是经过打磨的，很光滑，而我用的铁棍都是尖锐的，上面有很多棱角。结果，崭新的内胎，经过我的折磨，被戳了一个很大的窟窿。

我忐忑不安地把事情告诉了父亲。原本以为父亲至少会臭骂我一顿，甚至痛打我一次，毕竟那只备胎对于一个普通的农民家庭来说也是价格不菲的。未曾想，父亲却微笑着说："坏就坏了，东西不过是东西。"

美国著名儿童心理学家吉诺特在《孩子，把你的手给我》中讲了这样一件事情。母亲带着南希第一次去幼儿园，南希拿起一辆被弄坏的消防车，自以为是地说："是谁弄坏了这辆消防车？" 妈妈回答说："谁弄坏了，跟你有什么关系？" 老师却说："玩具就是拿来玩的，有时候它们会坏，就是这样。" 那么，南希真的关心谁弄坏的吗？当然不是。老师的答复让她明白了，即使她把玩具弄坏了，

也不需要害怕，待在这里很安全。

江苏交广网王大鹏在主持汽车类节目最常说的一句话就是，“车子是买来修的，偶尔才能开一开。”这句话告诉我们，任何东西都会坏的，东西不过是东西，坏了可以再修。只要不是故意损坏，都无关紧要。

我的父亲是一名普通的农民，他并不懂得什么高深的教育理念，但他至少明白一点，培养孩子的动手能力比关心是否损坏东西要重要多了。因为，东西不过是东西。

我曾经听过一些家长很自豪地说，她家孩子玩过的玩具就像新的一样，从来没有损坏过。其实，她却不知道，保护的是玩具，失去的却是孩子的动手能力与创新能力。

也谈素质教育

——读《窗边的小豆豆》有感

最初拿到《窗边的小豆豆》这本书，并没有觉得它有什么与众不同的地方。这些年读了许多无病呻吟的国产专著，似乎对教育的感悟已经麻木。不过，看到老师那一脸真诚的表情，“你一定要读给孩子听！”我还是决定按照老师的要求去做。

实际上，我的孩子完全有能力自己去读完这本书。事实也是这样，她在拿到书三个多星期后就读完了。而我，只不过为了完成老师的任务，在她读完之后继续再读一遍而已。

书的前两章描述了小豆豆在学校是多么淘气，多么不可思议。于是，她不得不退学转学。在新的学校，她接受了完全与众不同的教育，最终成为著名的作家、节目主持人。

关于素质教育，我思考了十几年，几乎每年都有不同的体会和感受。给我印象最深的，莫过于苏霍姆林斯基的《给教师的几点建议》。我当时就在想，如果我们现在的教师，能够做到他书中所说的一半，就应该能够成为特级了。后来，也相继读了一些书，可都觉得没什么心灵上的冲击。直到最近读的这本《窗边的小豆豆》。

小林校长说：“怎样才能使孩子与生俱来的素质不被周围的大人们损害，让这些难得的素质得以发扬光大？”可是，我们的教育是什么呢？不是保护孩子先天的素质，而是改变孩子先天的素质，使之朝着我们既定的方向去发展。我们所谓的素质教育，无非是让孩子去学习那些音乐、舞蹈、书法等所谓的特长

罢了。

“世界上最可怕的事情，莫过于有眼睛却发现不了美，有耳朵却不会欣赏音乐，有心灵却无法理解什么是真，不会感动，也不会充满激情……”小林校长慷慨激昂。那么，对于我们现代的教育来说，最可怕的事情，莫过于一名教师不能发现学生的特长和爱好，把所有的孩子按照同样的模式去培养。

中国教育最大的问题，实际并不在于教师，而在于家庭教育的缺失和社会教育的空白。比如说，我们在学校苦口婆心地教育孩子不要乱丢果皮纸屑。而家长在遇到孩子扔东西的情形却是一脸不屑地说:“扔在地上吧。”有一次上学时，我居然发现一名一年级女孩子的母亲让孩子在学校的大门口解小便。也许，你会认为，不过是一年级小孩子嘛，有什么大惊小怪的啊。可是，你要知道，那是校门口。她完全可以去校园里的厕所，而不必在众目睽睽之下那样去做。姑且不论要不要考虑孩子的性别意识，就单从讲究卫生这一条来说，也不能让孩子在学校大门口小便啊。不要说是上学时，就是晚上无人时也不行。我们的社会公德意识到哪里去了呢?

现在的家长动不动就污蔑老师，利用各种方法去告状，去打击老师。当然，我们不否认有个别老师的师德的确存在问题。可是以点带面地把所有老师都一棒子打死，说明这个社会存在问题。社会对老师的评价越差，优秀的人才越不会到教师这个队伍里来，越是没有优秀的人才，社会的评价就越差。我们的教育似乎已陷入恶性循环的怪圈。而在日本，教师的地位却是至高无上的。早在十五年前，我就听说，日本的小学教师就必须达到本科以上的学历。他们的工资待遇也是比别的行业要高出许多。

我对于日本是没有好感的，也一直在抵制日货。但是教育是没有国界的，他们的教育理念还是有很多值得我们学习的。比如挫折教育。日本的家长不会心疼孩子，他们可能会在冬天让孩子光脚站在雪地里，徒步旅行绝对不会用车去接送。再看看我们国内的家长，非得把孩子送到学校大门口，甚至恨不得送到教室里。

再谈安全问题。中国的所有学校是谈安色变，生怕出一点安全问题。因为

只要有一点事故，家长就会不依不饶地闹下去。不管学校有没有责任，都要想方设法让学校赔钱。这样的结果，就是学校全力抓安全，能不搞的活动绝对不搞。至于教学，那是次要的事情。而日本呢，孩子在学校出了安全问题，是家长道歉，他们认为自己的孩子给学校带来了麻烦，是自己的责任。

我并不想崇洋媚外，谨以此文唤起我们更多的老师、家长去思考，为致力做好我们的教育事业而努力奋斗。

生命如花

周末，带领班上的孩子去虞姬公园赏花。当我们到达小山的顶部，那一片美丽的牡丹园便映入眼帘。孩子们雀跃着前行，喧嚣着涌进园内。

看着如此娇美的鲜花，心中却没有半点喜悦，倒是渐生淡淡的凄凉。鲜花，盛开时固然得到垂青，然过后则是凋零。衰败后的花园又有谁会光顾，恐怕连驻足片刻甚至匆匆一瞥也没有。

写下此文，已是赏牡丹后的第二周。估计那些怒放的牡丹已然凋落，想必那些含苞的芍药已经光彩夺目了吧？

我曾经认为，每个孩子都是一朵花，只不过花的季节各不相同。如今忽然顿悟，人生如花，盛开的青春亦如绽放的鲜花般短暂。宇宙无终极，生命如朝露。相对于苍茫的宇宙，数十年的生命不过是弹指一挥，更何况寥寥数年的青春时节。

人生如花，盛开的季节要格外珍惜，把自己最美的一面展现出来。花落之后无须悲伤，因为落红不是无情物，化作春泥更护花。

人生如花，每个人的花期不尽相同。少年得志是一种幸运，大器晚成是一种幸福。得志时不要猖狂，晚成也须要谨慎。因为物极必反，盛开之后就是衰败。

人生如花，请珍惜每一个开花的时节！

学然后知不足

读书的最高境界是生命的需要，一日不读书便感觉没有吃饱——精神上处于饥饿的状态。其次才是习惯，不读书甚觉无聊。

我不算是一个真正爱读书的人，很多书籍都被高束焉，庋藏焉，落满了厚厚的灰尘。在外地学习期间，白天听老师讲课，晚上倍觉无聊，便读了两本书。一本是江苏仪征中学特级教师刘祥的《语文教师的八节必修课》。这是一本实践性很强的教学专著，作者根据自己长期在一线教学的经验，从备课、课堂导入、文本教学、课堂拓展、课堂总结、写作教学等八个方面，系统阐释了语文教学各环节中必须引起重视的诸多问题。虽然刘老师是高中的老师，但我认为教育是相通的，他的一些教育理念、教育方法同样也适用于小学。刘老师认为，语文课首先是有生命的课，语文课的生命，既来自作品中的形象和塑造出这些形象的作者，又来自课堂上的学生和教师。语文教师必须修炼的基本功，就是激活生命，让语文成为生命健康成长的沃土，让语文课同时具有“知识在场”“技能在场”“生命在场”的三重属性。另一本是我们广西师范大学 2012 级教育硕士班长梅培军老师的《现象学语文的思考和实践》。梅老师小我三岁，面容清秀，阳光帅气。他在书中认为，现象学语文是鲜活、真实、质朴的语文，语文教学应以“生活世界”和“学生体验”为出发点，用文化还原法还原真实的语文。

回到沭阳后，先是完成了一份基础教育论坛的交流材料，又陆续完成假期的一些作业，也断断续续地读了一些闲散的不成系统的文章。累了的时候，发现办公桌上有一本 2013 年 5 月的《江苏教育》。我翻了一下，居然没有读过，估计又是忙得一团糟时丢在那里的。《江苏教育》是江苏省最权威的期刊之一，其代表了苏派教学最前沿的教学理念。如果有时间，我是很愿意一气呵成，手不释卷地把它读完的。刚一打开，书中关于书香课程的一系列文章就让我一见而惊之，不敢弃也。

目前正在读的是《新版课程标准解析与教学指导》，读书时唯一的感觉就是自己以前知道的太少了，对于课程的理解几乎为零，这些年的教学都是黑暗中前行。但愿能够通过读书，知道自己以前不知道的知识。

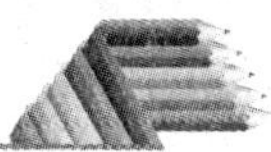

赏花随感

工作倦了，到楼下转转，发现花坛里的花已经开了。不过这朵花与别的花不同。一般的花总是昂起高贵的头，在绿叶的映衬下，吸引行人的眼球，使赏花者流连驻足，啧啧赞叹。譬如浓妆艳抹的少妇，努力展示着迷人的风姿，博得较高的回头率。而这朵花却深深地藏在绿叶的后面，犹如一个羞涩的少女，即使遇到心仪的男生也欲说还休。如果不是靠得近，恐怕根本看不出来。我想凑近闻一闻它的芳香，又怕亵渎了它的矜持。既然它不愿意那么张扬，我又何必强人所难？

最近读了两本书，一本是吴非的《致青年教师》，一本是杨九俊的《幸福教育的样子》。这两本书中都提到一件大致相同的事情，那就是在朗读学生作文时，要先征求学生的意见。吴非老师认为，读作文前征求学生的意见体现了对学生的尊重。杨九俊老师列举的于漪老师的事例，更体现了对孩子的关爱。孩子的家庭情况特殊，写出了情感真挚的作文。老师觉得很好，意欲作为范文。孩子出于对老师的尊重，出于对表扬的渴望，勉强同意了读作文的要求。可是于漪老师非常细心，她认为孩子不是真正的同意。果然，孩子在读作文前到办公室“反悔”，请求老师不要让她读作文。

在我的课堂教学中，时常出现这样的情况。优秀的学生不肯举手，举手学生的答案离题千里。我以前常常为他们着急，现在慢慢地理解了。他们一定是希望做一朵不被别人关注的花朵，在花丛的一隅，默默地绽放自己美丽的青春。也许，等她汲取了足够的营养，能够昂首怒放的时候，她也会充满自信地傲立枝头。教育是一门慢的艺术，孩子的身心发展是一个长期而缓慢的过程，就像

庄稼的成熟，需要季节的轮回。如果我们操之过急，将会带来巨大的伤害。

每种生物都有自己的选择，尊重生命是永恒的主题。高昂着怒放也好，羞涩着盛开也罢。他们都有自己的理由，都应该得到人们的理解。作为旁观者，我们不要打扰别人的生活。让所有的鲜花像阳光一样幸福地开放。

把学生当作课堂的主人

——《谁的本领大》教学反思

最近执教了一节大组公开课《谁的本领大》，虽然大家都给足了我的面子，点评时都说优点，没提什么缺点，但掩卷长思，还是有一种痛定思痛的感觉。

这是我第一次执教大组公开课，也是我校近十余年来第一位登台执教的男教师，颇有赶鸭子上架的感觉。哲人说，鸭子上了树，比乌鸦还难看。我就是这只鸭子，在王婷婷主任、曹云白等老师的大力协助下，跌跌撞撞地爬上了架子。

课后，我问一个学生对这节课的感觉，她嘴巴噘得老高，说："星星没发，头饰也没戴！"我说，当时忘记了。她说："就放在前面的桌子上，怎么会忘记啊？"我想，不管别人对这节课评价如何，学生的评价是最具权威的。

这节课的失误主要有四个方面：一是缺少了小组评价。本来课前是准备对小组的学习状况进行评价的，然而在实际教学中，因为紧张，因为对小组合作模式的不熟悉，就忘记了评价。二是缺少了实物激励。原本打算对表现特别棒的孩子奖励星星的。结果，综观整个课堂，我全部是用语言对学生进行评价。三是没有进行分角色朗读。四是小组合作学习形同虚设，学习效果不知如何反馈。

最近，我校全力推进课堂教学改革。那么，如何改，改什么？我们首先要想清楚，教育的实质是什么？我个人认为，教育的实质就是解放学生，让学生学会说，学会写，学会思考，学会想象，学会创新。这也是学校以及教师存在的意义。

以前，我们听课，如果说教师讲得系统，讲得有条理，讲得全面，讲得精彩，我们就说这是一节好课，这位老师的基本功扎实。然而，这种教学方式导致了

一种假象，从表面上看，学生什么都懂，实际上对知识一知半解，就像刚学做饭的人做了夹生饭。不仅如此，还会导致学生对老师的依赖性。学生一旦有了依赖性，他的独立性，独立能力就完全没有了。

传统的课堂教学是有代价的，而且是非常昂贵的代价。学生在课堂上虽然学到了知识，但并没有因此增长能力，特别是独立学习的能力和批判创新的能力。在传统的课堂教学中，老师是绝对的权威，学生必须无条件地服从。简单说，在学习过程中，学生得全方位地配合老师。

我们经常说学生是课堂的主角，老师是课堂的配角。那么，课堂最忙碌的一定是主角，而不是配角在忙，在声嘶力竭地喊，甚至喊出了咽炎，喊出了声带小结。我们的课堂怎么能只看见配角的教，看不见主角的学呢？既然学生是主角，那么学生的学应该是完整的，有结构的，系统的，而不是反过来，教师的教是系统而全面的。

反思我们的课堂，我认为课堂是为“学”才存在，而不是为“教”存在。课堂教学的任务是尽可能地提供各种条件为学生的“学”服务。学生的学习和发展才是课堂教学的中心。所以，课堂中，应当是教师配合学生，让他们看见自己在干什么，而不是学生配合老师，整天不知道自己做什么。我们传统的教学模式往往导致一种可怕的现象诞生——学生学会了迎合老师而不是学会了思考。

啰里啰嗦地说了这么多，感觉还是没有说到点子上。我认为，我们学校现在推出的六要素课堂教学模式，最关键的部分就是小组合作学习这一环节。小组合作最关键的部分是如何反馈合作效果，如何进行教学评价。我一直认为，教学的过程就是提出问题，分析问题，解决问题的过程。提出问题就是质疑，可在全班进行。分析问题可以放在小组内进行，解决问题的呈现过程就是对小组合作学习的评价。

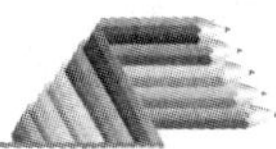

“六要素”教学模式反思

随着我校六要素课堂教学改革的不断推进，小组合作学习也在不断深入发展。我们二年级的孩子由于年龄较小，刚开始的时候难度较大，争论的声音较多，但经过一阶段的组织练习，他们慢慢地习惯了小组合作学习。我们的主要做法是上新课的第一课时时用小组比赛的方法。因为二年级语文教学的主要任务就是识字、写字，孩子们又都喜欢比赛。所以，我在教学生字时，都直接出示生字、词语。指定每组的 5 号或 6 号读。有时，我是让小组决定是哪个组号的同学读。1 号同学读对了得 1 分，6 号读对了得 6 分。孩子们也聪明，大都是让 6 号同学读。在这样的操作过程中，我发现一个问题，那就是我们班有 10 个组。如果不是每个组都读完，孩子们就会觉得不公平。他们会觉得别的组读对了被加分了，我们组也会读为什么没有机会读呢？要是都读完的话，一节课下来，浪费的时间又太多了。后来，我改变了一下策略。那就是前面几个小组读生字，后面几个小组读词语，再后面几个小组读课文。但是这里又有个问题，那就是有些孩子读课文很艰难，那些 5 号、6 号的同学读生字读词语还可以，一旦读到课文，他们是很难读得通顺的。也许会有老师说，他们没有预习好。其实不然，我们班有几个孩子就是课文上过了，甚至说是学期过半了，前面的课文他读得还是不太好。那么，读课文时就只能要求 3 号、4 号或者 1 号、2 号读。这样一来，问题又产生了。前面读生字时，人家 6 号读对了，得 6 分。后面的是 3 号读，才得 3 分，孩子们肯定不乐意。那么怎么办呢？我又改变了评价的策略，就是老师指定读时，读对了都得 1 分，读错了不得分。总之，这几种方法，相机而动，不可形而上学，生搬硬套。

总之，小组合作学习不仅可以使教学民主化，活跃课堂气氛，为学生的自主学习创造机会，而且也能增加学生的信息交流量，同时，也培养了学生的合作意识以及与他人合作的能力。我们班的小组为了在比赛中取得好的成绩，在早读课时，1 号、2 号都会教 5、6 号同学读书，像老师一样检查。如果有读错的，就主动帮他们纠正。

小组合作学习方法使用得当，在教学中确实能起到不可低估的作用。但是，我们也应清醒地意识到，合作学习的教学方法绝不是灵丹妙药，一服马上见效，它通常需要花很长时间的苦练才能成功。除了要有良好的学科知识之外，还要设计科学合理的合作学习教案，还需要有很好的认知心理学和社会心理学的基础，整合成良好的教学专业知识。

目前的困惑主要有以下几点：

一、如何将不同层次的学生进行合理搭配，还有待于进一步优化。我们班在分组时，开始主要参照的是语文考试的分数。大家知道，有的学生虽然分数高，但是其组织能力不一定强。还有一种情况是语文成绩好的学生，数学未必就好。这样一来，小组间的水平就不一样。

二、要求不够明确，分工不够合理

我们的小组合作学习还处于摸索阶段，学生如何合作，组员间如何分工，教师自已还不太清楚。

虽然我们前面的路还很长，但是，只要我们一如既往地坚持在课堂上采用小组合作的方式学习，不断地探索和创新小组合作学习的方法，全力打造六要素课堂教学模式，我们课堂教学的效率必然会逐渐提高。

新学期随感

每个学期的开始，都是那么地繁琐。可是看到孩子们的进步，劳累之余也有一些欣喜。

也许是因为孩子们过年后大了一岁，也许是因为刚开学的原因，这几天孩子们课堂上的表现特别好。作业也写得很好，有几个不喜欢写作业的同学也都漂亮地完成了作业。难能可贵的是，上学期考不及格的学生，这学期课堂上也频频举手发言。甚至在老师还没有教之前，别的小朋友还不会读的时候，他已经能熟练地读出来了。

有时候，会听到一些老师会说，某某同学真笨，真蠢。我从来不会去说这样的话，我总是习惯于说，你真聪明，你真棒。

最近在读一本儿童故事《窗边的小豆豆》。这是女儿的老师送给她的，而且她强调一定要我读给女儿听。我当时答应得很好。可是因为琐事冗杂，女儿早早地读完了，我还没有读完。虽然没有读完，但其中的教育思想，却管中窥豹，可见一斑。

在我们的日常生活中，因为各种各样的社会原因，总会产生一些问题儿童。这些问题儿童，由于缺少父母的关爱与教育，被大多数成人贴上了坏孩子或笨孩子的标签。这个标签，往往伴随着他的整个求学阶段。甚至影响着这个孩子的一生。

巴学园，是《窗边的小豆豆》中的特殊教育学校。说白了就是接收问题儿童的地方。据作者的后记中说，这是真实存在的地方，是日本教育家小林先生自费创办的特殊学校。

小林先生说："无论哪个孩子，当他出世的时候，都具有优良的品质。在他成长的过程中，会受到很多影响，有来自周围环境的影响，也有来自成年人的影响，这些优良的品质可能会受到损害。所以，我们要早早地发现这些'优良的品质'，并让它们发扬光大，把孩子们培养成富有个性的人。"

巴学园接收了很多被别的学校退学的孩子，并把他们培养成精英人才。我想，每一个有特殊才能的学生，都会有一定的过人之处。就如钱锺书，他的数学成绩不及格，却在高考中被清华大学破格录取，最终成就了伟大的"钱学"。

国内也曾有过类似于这样的特殊教育学校，可遗憾的是它却变成了行走学校，以体罚而著称的学校。这种校园，最终以伤害学生的生命健康丑闻而悄然没落。

中华悠悠五千年历史，教育文化博大精深，不是我等所能望其项背的。虽然个人的努力只是杯水车薪，但我依然上下求索，彳亍而坚定地前行。

音乐胎教

所谓胎教，主要是指从怀孕开始，科学地控制体内外环境，防止不良因素对胎儿的影响，并有意识地给予胎儿良性刺激，从而更好地促进胎儿的大脑发育，为以后的健康成长奠定基础。胎教的主要内容，是对胎儿进行听觉训练。而一切声音中，音乐是最美妙的。科学研究发现，优美动听的音乐有助于胎儿脑组织的发育和脑功能的成熟。音乐胎教对于儿童创造性思维的培养及智力的开发具有重要作用。经过音乐胎教的婴儿，反应速度快，语言表达能力强，动作协调敏捷。

用于胎教的音乐可以分为孕妇音乐和胎儿音乐两类。前者为胎儿发育创造条件，避免各种不利于胎儿发展的因素；后者则直接促进胎儿的智力发育。

孕妇听的音乐，应该选择充满诗情画意而又宁静舒缓的曲子。如中国乐曲《梅花三弄》《平湖秋月》《渔舟唱晚》等，这些优美的乐曲能使孕妇分泌更多的乙酰胆碱等物质，改善子宫的血流量，从而促进胎儿的生长发育，而且还能使胎儿在子宫内舒畅地成长。

胎儿听的音乐，白天一般以轻松欢快的曲子为主，这样可以使胎儿处于兴奋的状态。当胎儿听到音乐时，能够敏感地寻找声源，并随着音乐摆动身体。晚上，可以让胎儿听一些柔美恬静的小夜曲，让胎儿在安宁幸福中进入梦乡。喜欢唱歌的准妈妈还可以自己唱歌给小宝宝听。对于任何一个孩子来说，最有吸引力的声音莫过于妈妈的声音。母亲的歌声不仅能够促进胎儿大脑的发育，还可以建立母子情感早期的交流通道。

胎教过程中，孕妇不宜听节奏过强、过快的乐曲，如 DJ 舞曲等，更不能听有庸俗色情成分的戏曲。前者会造成烦燥和疲劳，对胎儿不利；后者容易对胎儿的性格产生不良影响。

当然，孕妇在进行音乐胎教时，切不可勉强自己。孕妇的精神愉快，情绪稳定，才是至关重要的。古人云："笑而不喧，虽怒不骂，胎教之所谓也。"胎教的主要目的是为了使孕妇保持愉悦的精神状态。因此，孕妇没有必要刻意强迫自己去进行各种胎教，更不要因为胎教而影响了自己的心情及正常作息规律。

给胎儿培养良好的习惯

怀孕后，许多孕妇容易发懒，什么事也不想做。有人认为，这是孕妇的特性，不必大惊小怪。实际上，这是胎教的大忌。我们知道，孕妇与胎儿之间是有信息传递的，胎儿能够感知母亲的思想，潜移默化地受到母亲习惯的影响。因此，准妈妈应该注意，从怀孕时就给胎儿培养良好的习惯。

一、养成良好的饮食习惯

从临床个案可以发现，宝宝出生后没有胃口、消化不良等现象，溯及根源，都与其母亲在怀孕时的饮食状况有关。如果你不想为宝宝将来的吃饭发愁，就应养成三餐定时、定量的习惯。不管你的工作有多忙，吃饭这件头等大事都不能忽视，不仅每顿饭分量要足，还要注意蛋白质、矿物质及维生素的补充，这样既可以保持母子的健康，又可以为胎儿养成良好的饮食习惯。

二、养成良好的学习习惯

现代医学研究表明，胎儿具有听觉能力和记忆能力。母亲是否有求知的欲望，会直接影响到胎儿。如果怀孕的母亲既不思考也不学习，胎儿也会深受感染，变得懒惰。显然，这样对于胎儿的大脑发育是极其不利的。倘若母亲始终保持旺盛的求知欲，则可使胎儿不断接受刺激，促进大脑神经和细胞的发育。因此，准妈妈要从自己做起，对学习保持深厚的兴趣。在工作上积极进取，勤于动脑，

勇于探索。当孕妇充分调动自己的思维时，胎儿也受到了良好的教育。

三、培养胎儿运动的习惯

生命在于运动，从怀孕第 7 周开始，小家伙就开始动了。孕妇可以帮助宝宝进行体育锻炼，增强其肌肉活动能力。准妈妈可以每天在固定的时间给小宝宝一个信号："来，妈妈和你一起做操啦！"让身体平躺在床上，全身尽量放松，在腹部松弛的情况下，用手轻轻地抚摸胎儿，也可以用手指轻轻一压再放松。刚开始时，胎儿可能没有什么反应。几个星期以后，胎儿对母亲的手法熟悉了，一接触妈妈的手就会主动要求玩耍。

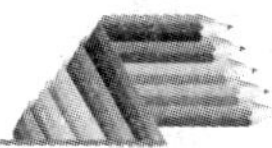

让学生愉快地作文

“兴趣”是调动学生积极学习的重要因素，是学生发展智力、培养能力的有效途径。要使学生写好作文，就一定要激发他们的写作兴趣。

在一次打扫除后，我首先表扬同学们把地扫得很干净，然后让他们具体说一说自己都干了些什么，是怎样做的；别人又干了些什么，是怎样做的。同学们纷纷举手，有的说自己在拖地，是先把拖把洗干净，再用手拧干，然后再拖地的；有的说擦玻璃，用卫生纸轻轻地擦，把玻璃擦得一尘不染；有的说看到别人扫地很辛苦，累得满头大汗……这时，我因势利导：同学们做得很好，说得也很好。但是时间有限，我们能不能想个办法，让老师在短时间内知道大家都做了什么呢？同学们异口同声地说：“写下来！”此时，我便水到渠成地在黑板上写下文题——《记一次大扫除》。

小学生由于年龄小，缺少社会经历，他们只对自己生活圈中的事感兴趣。因此，我们只要根据学生的心理特点设置情境，激发他们的创作热情，就能够让他们在轻松愉悦的氛围中完成习作任务。

让“魔杖”带给孩子生花妙笔

假如有一根“魔杖”，只要哪个孩子被点中，就会变得聪明无比。你会想要这根“魔杖”吗？我想答案是肯定的。那么，这根“魔杖”到底是什么呢？那就是阅读。然而，据有关调查数据，有幸被“魔杖”点中的孩子少之又少。作为语文教师，我们应该为孩子做些什么，我们在语文教学中又要改变些什么，才能让孩子得到“魔杖”的垂青呢？

在教学理念方面，我们首先要认识到语文教学不能只是局限于教科书的内容，还要大胆地从教科书上延伸出更加精彩的课外阅读。其次，我们作为老师不能光盯着学生的分数，分数并不是衡量学生语文素养的唯一标准。如果教师的观念改变了，孩子得到“魔杖”的垂青会变得容易多了。

现在教材的编写，有很多文章都是名篇，而且每个单元都有一个主题，这样就可以更好地从课内衔接学生的课外阅读。例如在教学《林冲棒打洪教头》时，指导读《水浒传》；教学《海伦·凯勒》时，引导学生课外阅读《假如给我三天光明》等作品。

我们有些老师喜欢把大量的时间、精力花费在对课文和句子的“肢解”上，对课文条分缕析，还美其名曰“精读感悟”。其实，在一篇课文中，句意、词义是不能孤立理解的，只言片语地进行分析只会影响文章的整体意义，导致对课文支离破碎的理解。这种教学方法的结果就是让本该最有趣的一门课变得最枯燥无味，让孩子们望之生厌。看看我们的先辈，他们灿若星河的名字和作品形成了我们人类史上怎样灿烂的文化，可他们谁又是通过花了多年的时间去分析别人文章的段落大意、中心思想、学语法、改病句后学会写作的？所以我们迫在眉捷要做的就是给阅读教学“瘦身”，还给学生自由读书的“天空”。

尽管我们的作文课讲得花样百出，费尽心思，在学生作文的修改上也下了很多功夫，可是，学生的作文有太多错别字、病句、思想不深刻等仍是不争的事实。大量的事实表明，在缺少阅读的前提下，我们所做的努力对于提高学生的文学素养来说，只不过是杯水车薪而已。

当然，我们也经常听到有的家长说，我的孩子经常看书啊，怎么作文水平还是不行？诚然，有些学生手里拿着本书上课看，下课看，一套十几本，没几天看完了。仔细问问他们读的是什么书，原来都是漫画书。这是时下里校园非常流行的一种书。然而，这些漫画书只不过就像一部部微型电影一样，并没有多少的文化内涵。学生读得再多，除了笑得前俯后仰之外，并没有从中汲取到多少文化营养。那么，我们该引导孩子读哪些课外书呢？小说、传记、历史、随笔、童话、寓言等都是很好的阅读种类。或许有些家长认为读小说这些“闲书”不如读作文选“有用”。我想问的是，一本好看的小说和一本作文选摆在你面前，你会选择读哪本呢？己所不欲，勿施于人。

最后想说的是，孩子的阅读情况不是老师个人力量能够改变的，需要学校和家庭的配合。当您准备奖励孩子时，与其带孩子去饱餐一顿，不如带孩子去图书馆或书店安安静静地读书。当孩子拥有了阅读这根“魔杖”，生花妙笔也就离他不远了。

怎样做到言之有物

作文一直是很多同学颇感头疼的事情，每逢作文时，总有一些同学抓耳挠腮，不知从何处落笔。那么，如何才能写好作文呢？根据笔者多年的教学经验，只要你做好以下几点，相信你的作文水平一定会得到大幅度的提高。

一、走进生活，丰富阅历

同学们还记得那个活泼可爱的聪聪吗？他的爸爸曾意味深长地告诉我们，要想真正学好语文，不仅要会查有字词典，还要学会查身边的无字词典。因此，同学们要想写好作文，必须走进大自然，接触现实生活，仔细观察和分析周围的事物。我们只有走进生活，才能抒发出真情实感。如写一次拔河比赛，你就必须有事前参赛或观赛的体验。

二、博览群书，增长知识

我们的作文内容，除了从生活中感受到的材料之外，还要涉及很多不能直接观察到的知识。如写动物园的某种动物，它的外形可以通过观察来感知，但是其生活习性就无法观察，只能通过阅读来了解。只有大量阅读课外书，拓宽自己的知识面，才能把作文写得活灵活现。

三、多写札记，积累素材

在我们的学习生活中，每天都会见过许多人，遇到很多事，如果能把印象深刻的人或事记录下来，就会为自己的作文积累丰富的素材。在我们阅读课外书籍时，也应当把其中精彩的语句摘抄下来，还可以在旁边写下自己读书的感想、体会等。这样长此以往，养成习惯，在我们写作文时，就能做到言之有物，下笔如有神了。

注重情感投入 提高朗读水平

朗读是语文教学中最重要的训练之一。在日常教学中，我注重引导学生的情感投入和情绪体验，收到了很好的教学效果。

1. 以情激情

在朗读指导中，教师的情感可以说是最好的催化剂。教师只有以自己的真情去激发学生的情感，才能拨动其心灵之弦，发出动听的心声。那种处变不惊，对任何现象和事物都无动于衷的教师，学生是无法从他身上获取情感信息的。因此，教师在指导朗读时，应该动之以情，以情动人，通过语言描述，渲染气氛，以此激发学生的兴奋、激动、哀愁等情绪。

2. 情境模拟

生活阅历、时代背景、地域差异等原因，都会成为朗读时情感体验的障碍。跨越这一障碍的最好办法就是借助视听媒介，变抽象的文字符号为生动直观的画面，配以悦耳动听的音乐和声情并茂的解说，模拟当时当地的情境。这样，学生便能够如见其人、如闻其声、如观其事、如临其境，尽可能地与作者“心情相契合”。

3. 角色假想

小学生自我表现欲极强，让他们体悟到自己亲身表演的乐趣，有利于对文中情感的体验。朗读时，我常要求学生充当朗读表演者，向全班同学说：“请欣赏课文《×××》，表演者 ×××。”借小学生突出的表现欲激发朗读愿望，促使其全身心地投入到朗读活动中去。

总之，在朗读教学中，引导学生加大情感投入的力度，进行细腻的情绪体验，能够让朗读在语文教学中更好地发挥作用。

当孩子受到欺负时

小学生由于自我中心意识较强，他们在一起玩耍时，时常会发生一些打骂现象。对于他们这些鸡毛蒜皮的小事，如果老师或家长事必躬亲去调解，对于培养学生的独立处事能力是非常不利的。如果我们采取积极的态度，对孩子加以适当的引导，则不仅可以帮助他们化解矛盾，还可以培养孩子的交往能力。

有一次，班上一名很优秀的小女孩噘着嘴跑来告诉我，后面的一个小男孩老是打她。我想，也许是这个小男孩太调皮了，喜欢欺负别人。但转念一想，低年级小学生之间一般不会有什么恶意，没有必要夸大这些矛盾，也没有必要立即火冒三丈地去处理这些问题。于是，我故意问小女孩："你认为他是故意打你,还是无意中碰到你的呢？"她想了想,肯定地说:"他是故意的。"我又开导说："是不是他想做你的朋友，又不好意思告诉你，也不知道该怎么样表示友好，所以就碰你的呢？"我停顿了一下,又说:"可能他看你的字写得漂亮,作文也很棒，想要跟你学习呢！"

一席话，说得小女孩的气全消了，小脸上露出了灿烂的笑容。"那我明天去找他。"她笑眯眯地说，"要是他想跟我学，我就教他。"果然，小女孩和那个淘气的小男孩成了好朋友，小男孩的成绩也有了很大的提高。

后来，班上其他同学之间有了小冲突，我都会用这种积极的思维方式去处理。一年以后，班上的孩子们大都能够融洽地相处了。实际上，孩子之间都没有什么恶意，他们之间的矛盾主要是因为语言表达能力有限和交际水平不足引起的。但是，有些父母在面对此事时的第一反应就是自己的孩子被欺负了。一些极端的家长还会厉声呵斥孩子："他打你，你就打他！你没有手啊！"这是一种非常危险的做法。孩子的心灵是纯洁而善良的，当他们遇到交往中的矛盾时，

我们应该引导他们想一想：那个小朋友为什么会这么做？然后和孩子一起讨论可以用什么好办法来解决问题。孩子是祖国的花朵，是社会的未来，是我们家长明天的希望。我们作为长者，应该培养他们从光明的一面去看待事物，并努力使他们拥有一颗宽容友善的心。这样，我们的孩子才能在纷繁复杂的社会中健康茁壮地成长。

高考随想

高考时，教室里一片寂静，似乎可以听见沉默的声音。在这样的考场中监考，什么也不能做，什么也不能说，什么也不能看，什么也不能听，唯一能做的，只有任思想的野马任意地驰骋，纵横捭阖。

近年来，不知是什么原因，教师的地位越来越低下，而学生的地位越来越至高无上。就拿每年的高考来说，上面明确表态，老师不是监考的，是服务的。当然，在当今社会，对于任何一个行业来说，提高服务意识，无可厚非。然而，在我们教育系统，把学生当做服务的对象，不知除了制造些高分低能的劣质产品，还能有什么样的好处。作为一名监考老师，我们要帮孩子贴条形码，帮他检查姓名，准考证号写没写上，帮他端茶倒水，除了做试卷，别的都可以叫老师帮他做。从外部环境来说，在高考这几天，所有的一切都要服从高考，施工停止，车辆禁行……的确，这样为孩子们营造了一个良好的考试环境，能够让他们专心考试，取得优秀的成绩。可是，我总是怀疑，这些在温室中长大的花草，一旦来到大自然中，不知能否适应变化无常的气候环境？

时常听人感慨说，现在的学生弱不禁风，耐挫性很差。也经常看到有专家分析，为什么我国中学生这么优秀，却出不了诺贝尔奖。其实问题很简单，就是我们的老师做得太多了，管得太死了。

又是一年高考时

不知不觉，又是一年高考时。漫步校园，随处可以看到或听到一些激动人心、铿锵有力的高考冲锋号。慢慢品味，却莫名地觉得凄凉。

下午监考的考场，墙壁上写着“吃得苦中苦，方为人上人”。闲着无事，便慢慢地思考这每个字的涵义。第一个人，应该是普通的劳动者；第二个人，应该是达官显贵的意思。苦中苦，应该是刻苦学习意思。刚开始也觉得这句话没什么，挺好的，可以算是教育中的至理名言。可是，细细一想，却觉得有很多不妥的地方。

第一，难道我们要想学习好，只有拼命地吃苦这一条路可走吗？诚然，吃苦可以换来好的成绩。可是，好的成绩并非只有吃苦才能得到。我们完全可以用一种快乐的积极的心态去面对学习。我们做自己热爱的事情时，自然就不会觉得苦了。君不见众多通宵达旦砌长城者，有谁叫苦连天？

第二，就算我们用辛苦的汗水换来了高考优秀的成绩，成了人上人。可是，那些所谓的达人们就很快乐吗？如果不快乐，怎么又能称作人上人呢？

窃以为，嚼得菜根香，方为人上人。谨为个人观点，如有不妥，请方家赐教。

读书如品酒

很早就听说《第56号教室的奇迹》值得一读，也曾在书店里找过几次，都没有找到。放寒假之前，教务处的王婷婷主任要我推荐一本适合教师寒假阅读的教育专著，我便不假思索地推荐了这本书。

拿到这本书时，心中不禁欣喜万分，但我并没有马上去读。一本好书，对于有些人来说，就像是一位美女，喜欢抽空就看一下；对于我来说，好书就像是一杯美酒，得静下心来慢慢地品尝，细细地回味。或许这是不太好的习惯，但是我认为，当你已经喝得醉意朦胧时，即便是美酒，也索然无味；或者当你心烦意乱时，就怕喝什么酒都是闷酒。

午后，独自坐到办公室的窗前。冬日的阳光暖暖地斜射在桌上，伴随着降央卓玛那甜美的歌声，我开始了第一次阅读。

前面相关介绍的字迹很小，读起来有点吃力，但我还是耐着性子读完。就像打开一瓶好酒，要小心地拆开包装，打开瓶盖。如果没有这些前奏，又如何能品尝到那甘甜的美酒呢？好不容易读到正文，仅仅读了两页，我就读不下去了。不是因为酒太烈，而是如此美味，如何大块朵颐？我合上书本，在房间里慢慢地踱步，细细地回味书中的语句。真是太棒了！对于这样的美酒，如果一饮而尽，那简直是对她的亵渎。

通常来说，我读书的速度不可谓不快。曾有朋友问如何才能会写文章，我说，当你读完1000本书，做了20万字的读书笔记，你就差不多会了。现在想想，当初说这些话时，还是不太礼貌，毕竟自己也不会写什么文章，至多只能算是写点自己能看懂的文字吧。但是在年轻时，每周读一两本书，还是可以做到的。

有时，我读书的速度也不可谓不慢，有时一本书要读半年或者一年。读完一两页，就会回味一下，咀嚼一番。宋代陆九渊云：“读书切戒在慌忙，涵泳工夫兴味长。”对于一本闲书，可以像喝水一样大口大口地喝完；对于一本好书，我认为应该像品酒，要小口小口慢慢地品尝。如果追求一日看尽长安花的效率，那么看到的往往只是浮光掠影的表面，其中的韵味与神采，则是很难企及的。

三人行，必有我师焉

下午带孩子去公园玩，顺便带了她的同学和她同学的弟弟。因为独处的孩子容易形成孤僻、暴躁等诸多不良性格，所以我一直努力创造机会让孩子们在一起玩耍。虽然这两个孩子我并不熟悉，家长也未曾交流，但孩子们处得很好，我就在征得家长的同意后，带他们一起去玩了。

说实话，带别人的孩子，有很重的心理负担，平安无事倒好，出一点安全事故，那都是跳进黄河也洗不清的。所以我一直紧紧跟随着，害怕出一点意外。

好不容易等到孩子的爸爸来了，我才松了口气。一会儿，小男孩跑来说："爸爸，我的手被划到了。"爸爸看了看说："破没破啊，没破就没事。"小男孩说："都流血了。"他又看了看说："流一点点，没事的。"我觉得，爸爸带孩子就是不一样，要是妈妈带的，早就心疼得不得了，一句又一句地哄着了。

孩子们在玩惊险的项目时，都吓得尖叫，甚至大哭。我说，要是不敢玩就算了，不要去冒险了。他却一直在鼓励孩子们大胆地尝试，并亲自上去示范。在他的带领下，孩子们都爬过了网状的高桥，走过了摇晃的钢丝桥。

我曾一直认为自己在培养孩子的独立性方面做得较好，未承想，一个并非教育专业的家长做得比我好很多。真是"三人行，必有我师焉"。

因势利导，打开孩子的心扉

朋友很为孩子糟糕的学习状况而忧心忡忡。考试时故意不写，说是为了气老师。老师说：“怎么样才能让你喜欢我呢？”孩子说：“你怎么样我都不喜欢！”显然，这个孩子的心理曾受到过伤害，存在着严重的逆反心理。

一次偶然的机会，我在小操场看到他在玩，就过去跟他聊了几句。

我说：“你长大了，想干什么呢？”

他说：“想当特警。”

“这个志向好啊！”我说，“英勇无比，可以保家卫国。”见他点点头，我又说：“你看过电视上的特警吗？”

“看过。”

“你觉得特警聪明吗？”

“聪明。”他想了一会儿又说，“要是不聪明，就抓不住坏人了。”

“对，要是不聪明，没有知识，不但抓不住坏人，还有可能被坏人抓住。”我说，“你觉得自己聪明吗？”

他说：“聪明。”

“光有聪明还不行。”我说，“要每门考试90分以上才行。你现在英语和数学都超过了，就差语文了。你有信心把语文学好吗？”

他微微点点头说：“有。”

分别时，孩子很高兴地大声对我说了再见。

每个孩子在自己的心中都有对未来的憧憬，这种美好的梦想就是我们教育的契机，如果我们能抓住这个教育的契机，因势利导，就能打开孩子的心扉，从而达到事半功倍的教育效果。

孩子不妨常立志

古人云："有志者立长志，无志者常立志。"然而，对于一个孩子来说，能像伟人周恩来那样，自小便立志"为中华之崛起而读书"的能有几人呢？

女儿最初是想做一名教师，因为她的爸爸是一名教师。上幼儿园后，她想当一名护士，因为她的妈妈是一名护士。她还画一幅护士的图画交给了老师，被贴在教室后面的墙上，以至于后来每次想改变志向时，都会哭丧着脸，"我已经把那张画儿交给老师了，怎么办啊？还能把它撕下来，重画啊？"

上了小学，她学舞蹈，跳得很好，我们便逗她，说她是舞蹈家，她很高兴，说以后要当舞蹈家，练得更加刻苦。一年级第二学期，她到耕耘书学馆学书法。她每天的作业都是我看的，天天也没觉得怎样进步。直到有一天，德高望重的曹云白老师对我说："你女儿的字写得太棒了，全校也找不出几个。"我把那张参赛的书法纸拿过来一看，才大吃一惊，那张纸上的字已超过了我的水平。我便鼓励她当书法家，她也很乐意，说要当书法家。

一年级下学期，周老师要求家长带孩子读书，我按要求做了。等到了二年级，这种读书的兴趣在她身上得到了淋漓尽致地发挥。原先一本一本地买书，已无法满足她读书的需求。于是，我成套成套地购买。第一年暑假，她读了17本，第二年暑假，读了23本。这学期，她读了60多本。当然，这期间，有朋友会质疑，她读那么多书，都能记得吗？言下之意，孩子读过的书，都要背下来。我觉得没有这个必要，孩子主要是博览群书，厚积而薄发。像纪晓岚、陈寅恪、钱锺书那样过目不忘的天才毕竟还是少之又少的。因此，不应该对孩子有太多的苛求，能有阅读的兴趣便不错了。孩子很爱读杨红樱的书，便想成为她那样

的作家，要写美好系列、快乐系列等书。她说:“要当作家，不多读书怎么行啊?”要是写书的时候，有字不会写怎么办啊?我说:“对，一定要多读书，多写字。”在这种情况下，她的识字量倍增。这学期的默字中，没有出现一个错别字。

孩子的思想还没有成熟，时常改变自己的志向，这应该是正常的现象。在教育方面颇有研究的王乙芸老师曾对我说:“孩子不管想做什么，我们都要积极地鼓励，不管这种志向是不是很伟大。”我觉得她说得很有道理。三百六十行，行行出状元。做好哪一行，都是不简单的事情，都需要专业的技能和知识。孩子只要有志向，就给我们的教育带来契机。我们就可以抓住这个志向进行鼓励，引导他们去认真读书，刻苦学习，做品学兼优的好孩子。

家长如何去表达爱

爱孩子是老母鸡都会做的事情，可是要教育他们，就要善于表达自己的爱，这样才能做一个强于老母鸡的家长。

有一次，女儿“坐”在椅子上读书，这种子“坐”法跟平时不一样，是把脚放在屁股坐的地方，屁股坐在靠背上。我相信，很多调皮的孩子都有过这样的坐法，笔者小时候也曾这样坐过。从我们成人的角度来看，这种坐法非常危险，一不小心就有可能摔倒。可是，孩子却没有害怕的感觉。她觉得很好玩，而且离空调的热风近，暖和一些。我提醒过她好几次，都没有改正，还是一直地那样坐着。果然，不出所料，当她看得很入迷的时候，一不小心摔了下来，“轰隆”一声，椅子倒了。我气极了，“好心好意说了好几次，你都不听，这下可好，跌倒了吧！”我立刻冲了过去，准备狠狠地教训她一顿。可是，话到嘴边，还是忍住了。我轻轻地说了一句：“跌伤没有？”她本来已吓得要哭，看我问得这么轻松，居然勉强笑了笑，说：“一点也不疼！”我说：“下次，要小心！”

一场有可能引起父女争吵的风波在无形中化为乌有。每一个家长都知道去爱孩子，但是这种爱要在理解孩子的基础上进行，否则往往会产生相反的效果。从那次跌下来之后，她就再也没有那样坐过。我相信她也从中接受了教训，不会再做类似危险的事情。家长对孩子表达自己的爱，应该从孩子的角度去思考，而不是用成人的眼光去评判。为什么很多孩子在到达一定的年龄阶段后，都会产生逆反心理，家长的话根本就听不进去？我认为主要原因就是我们没有从孩子的角度去思考。《论语·乡党》中有这样一句话：“厩焚。子退朝，曰：‘伤人乎？’不问马。”在马厩遇到火灾的时候，孔子首先问的是人，而不是马。

每个孩子都会犯这样那样的错误，当错误出现时，我们首先关心的应该是孩子本身，而后才是事情的真相。有些家长一看孩子犯了错误，就一顿暴打，其实是不对的。孩子出错在所难免，有的是他的确不会，有的是他不知道这是错误，有的是出于良好的愿望……一把钥匙开一把锁，我们要根据不同的情况，采取不同的解决方法。世界上没有真正的万能钥匙，也没有放之四海而皆准的教育真理。同样的一种教育方法放在一个孩子身上是正确的，可能起到立竿见影的效果，放在另一个孩子身上则可能是谬误。所谓因材施教，就是告诉我们在教育这个问题上，绝不能生搬硬套，而是应该批判地吸收前人或成功人士的经验，结合自身的实际情况，做出正确的举措。只有这样，我们才能把别人的经验内化为自己的知识，从而达到良好的教育效果。

教育没有灵丹妙药

期中考试后，同事给我讲了一件事情，大概意思是：老师让家长在试卷上签字，一名分数最低的学生家长写道“我无话可说”。那极度失望、无奈之情，可见一斑。

面对孩子的一些坏习惯，家长们苦不堪言。看到孩子那么低的分数，家长束手无策，遇到老师，就问：“我该怎么办？”

我一直认为，教育和医疗有着很多的相通之处。医生拯救病人的生命，教师挽救人类的灵魂。没有哪个医生敢说能治好所有的病人，也没有哪个教师能教好所有的学生。所谓“没有教不好的学生，只有不会教的老师”纯属谬论。如果所有的学生都像快刀切豆腐一般的整齐，都是清一色的高分，甚至满分，那么就不会有社会形形色色的分工，我们的世界也就不会那样的精彩。社会的发展需要掌握高端技术的科技人员，也同样需要我们这些普普通通、尽心尽责的务工人员。教育家们所指的“好”，主要是指思想品德、生活技能、体育技能等诸多方面。

对于疾病，一般有慢性病和急性病之分。急性病来得快，去得也快；而慢性病来得慢，不易察觉，因而有病去如抽丝之说。对于教育来说，一个孩子出现一次坏行为，立即纠正，简单易行；反之，天长日久，形成坏的习惯，则要煞费苦心，下一番大力气才能改善。

很多家长不理解这些，对于孩子一些坏习惯的萌芽，譬如迟到、不写作业、撒谎等，无动于衷，觉得无所谓，直到出现考试不及格、逃学，甚至触犯法律，才恍然大悟，才顿足捶胸，“我怎么生了个这么不听话的孩子呀！”

教育有灵丹妙药吗？有一种放之四海皆准的教育真理吗？我认为没有。苏联著名教育家苏霍姆林斯基说，某种教育方法，用在一个学生身上是真理，用在另一个学生则可能是谬误。教育是心灵与心灵的交流，是思想与思想的情感碰撞。它需要我们的老师和家长一起倾情付出，有付出才能有回报。

每个孩子最初都是好学的，善于模仿是孩子的天性。可是，在这样的教育发展最佳时期，您是否精心准备了呢？如果您没有丝毫的付出，反而做了一些负面引导，又怎能责怪孩子没有学好呢？

每个孩子都是一枝含苞待放的花朵，只不过花期各不相同而已。

读书琐忆

从河南出差回来，看到办公桌上放着一张稿费通知单。钱虽不多，却很温馨。在物欲横流的当今社会，写书的人比出书的人多。不管什么质量的文章，只要花钱，都可以发表。真正高质量的文章却不能发表，即使发表了，也没有稿费，能坚持给稿费的杂志社或报社，真如凤毛麟角。

由于小时候家里很穷，整个小学阶段几乎没有读过课外书。唯一读过的一本《隋唐演义》，还要瞒着家里人偷偷地读。因为，在家里人看来，那些书叫大书，小孩子是不能读的。上了初中，仍旧没钱买书。老师也不支持读课外书，认为会影响学习。直到上了师范，阅读的眼界才一下子开阔起来。师范的老师是不反对阅读的。学校的图书馆里有好多的书可以借阅，还有期刊室和过刊室可以在里面读杂志。当时，我们的年级主任鼓励我们积极向校报投稿，并说要重奖第一个把文字变成铅字的学生。我投了几次，也没有发表。后来，向淮阴经济广播电台投了几次，有几篇被主持人选中了。临近毕业时，向《沭阳报》投了一些，发表了 3 篇。那时，《沭阳报》还是给稿费的，一篇文章大约 10 元钱这样。等到《宿迁晚报》成立，我在上面发表了几篇，没有收到稿费，倒有不少人问我，“你花多少钱在上面发表的啊？”我说没有花钱，他们都不相信。

2005 年，我忽然觉得读书一点用处也没有，于是发誓不再读书，并毁掉了以前所写的全部纸质稿和电子稿。直到 2008 年，受人所托，为其撰写一篇人物通讯，发表在《江苏教工》，得到 300 余元的稿费。后来，就开始为单位撰写所有的文字材料。

2009 年，我发现在教育孩子方面，有许多亟待解决的问题。我才再次捧起久违的书本，试图在书中寻找教育的真谛，探索生命的意义。

2010年，我负责学校的教科研工作。那时的学校教科研工作可谓一穷二白，要想在这样的基础上快速崛起，唯有身体力行，才能尽快打开局面。为此，我只有通过大量阅读，来弥补自身知识的不足。

2011年，我把个人新浪博客面向全班开放，意在唤起广大家长对家庭教育的重视。一份完整的教育应该有三部分组成。一是学校教育，约占70%；二是家庭教育，约占20%；三是社会教育，约占10%。这是我个人的观点，也是单从文化知识的角度来估测的。如果把教育比作一棵大树，学校教育是枝干，是最光鲜亮丽的地方，也是最受关注的部分。家庭教育是根，交人交心，浇树浇根，如果根部发育不良，这棵树肯定是长不大的。社会教育是什么呢？是叶，没有叶的光合作用，树能健康成长吗？因此，家庭教育所起的作用要比学校教育还要大，而社会教育所起的作用有时候是决定性的。从对学生的调查来看，我开通博客的收效甚微。很多家长根本不屑一顾。我感觉自己就像一名不辞辛苦的厨师，精心准备了一顿丰盛的宴席，却没有人来光顾，心中的失落，可想而知。

可是，我又在想，有没有人来吃，那是别人的事，做与不做，那是我的事。尽管那么多的家长不来看我的文章，可那些孩子还是我的学生，我还要尽力去教好他们。只要有一位家长关注，我就依然用心去写。我期待遇上用心与我交流的家长。要知道，教育是心与心的交流，是情感与情感的碰撞，是智慧与智慧的交融。

做聪明的袋鼠妈妈

袋鼠妈妈带着她的孩子远行，走累了，就放下孩子休息，当她发现身边有一堆金子后，却仍然把自己的孩子放进袋子里。路边的小草看见了说："你不会用袋子装上金子吗？"袋鼠妈妈摇摇头说："孩子比金子更重要。"

这是一位伟大的母亲，她用崇高的母爱战胜了金子的诱惑，拒绝了小草的建议，坚持带走了自己的孩子。这是一个聪明的妈妈，她深深地明白孩子比金子重要，她更清楚亲情是任何金钱都换不来的。

如果我对任何一位正常的母亲说："把您的孩子100万卖了吧"，她肯定不会同意，说不定还会破口大骂。如果我再问，一边是100万，一边是您的孩子，您会选择哪个呢？我相信所有正常的父母，都会毫不犹豫地选择自己的孩子。连一只袋鼠都知道疼爱自己的孩子，何况我们自诩为万物之灵的人类呢？

在我们的现实生活中，很多家长因为忙于赚钱而忽略了自己的孩子，还振振有词："我都是为了孩子啊！"可是，您却根本不知道孩子需要什么，想要什么。在孩子小时，作为家长不尽责任，只顾赚钱或者自己玩乐；当孩子长大，无所事事，甚至误入歧途，家长再大量花钱，怨天尤人，只怪自己没有生个好孩子。

我一直固执地认为，孩子的每一样行为，在家庭里都可以找到影子。孩子的所有坏习惯都是由于家庭教育的不适所引起的。孩子只是孩子，他们没有分辨能力，所有的行为都是在成人的指导下完成的。当一项正确的行为得到认可，他们继续去做正确的事情；当一些错误的行为得到强化，便逐渐形成了坏的习惯。

在我的孩子上幼儿园大班时，我发现了这个问题，孩子逐渐养成了很多的坏习惯。如果不及时纠正，将会越来越难纠正。于是，我开始克服重重困难，

坚持自己带孩子。经过一年的训练，终于改掉了坏习惯。

在上小学一年级时，她的班主任周红娟老师推荐孩子们读书，并要求家长读书给孩子听。我严格按照老师的要求去做了。两年下来，收获颇丰。实际上，我也只读了两三本书，孩子就自己读书了。现在，女儿已读完了杨红樱系列的所有书，正在读皮皮鲁系列。

每个人都有繁忙的事情，忙起来焦头烂额。可是，事情再多，也要挤出时间来关心自己的孩子。因为孩子是我们生命的延续，是我们的精神寄托，是我们未来的希望。但愿每一位家长在面对金子诱惑的时候，都能像聪明的袋鼠妈妈那样毫不犹豫地选择自己的孩子。

柳暗花明又一村

——听魏书生讲座有感

教海泛舟近十年，山重水复路茫茫。一日偶听魏书生，豁然开朗灌醍醐。

没有高深的理论，没有空洞的道理，也没有专业的术语，他所谈的都是工作中的一系列琐事。有些事情，可以说是让很多班主任都会觉得繁琐冗杂。比如说每学期开学时收学费，我就很担心，害怕收到假钱，害怕一不小心找错钱，更害怕把钱弄丢了。可是魏老师呢？他让学生用手表收费。学习委员马上拿着手表，开始收书费比赛。这样，既活跃了教室的气氛，又提高了工作效率。

百无聊赖的工作，枯燥重复的内容，从他嘴里蹦出来却是那样的生动有趣，让人觉得津津有味，百听不厌。

现在教育行政部门三令五申地严禁体罚学生，可是在实际工作中，当我们一线教师面临犯错的学生，该如何处理呢？说是摆事实，讲道理吧，可有的学生就是屡教不改。就这样不管不问吗？又觉得愧对教师这一称号。声色俱厉地责罚吗？又怕与体罚或变相体罚沾边。魏老师在这方面为我们做出了很好的榜样。他用爱心激发学生自己和自己展开激烈的思想斗争，让学生能从心灵深处反思自己的错误，这样触动了学生心灵，必然带来行为的变化。这不正是铸造心灵吗？对犯了错误的学生，魏书生采用多种不同的快乐教育方法。如犯了错儿，唱支歌儿；犯了错儿，做件好事；犯了错儿，写个心理说明书；犯了错儿，做几个俯卧撑。这不正是快乐的自我教育吗？

作为班主任，魏书生尊重学生的人格，原谅学生的缺点，关心学生，信任学生，理解学生，从不与学生作对，从不训斥，也从不挖苦，总是那么笑容可

掬地商量商量，再商量商量。这种“已所意欲，尽施于人”的人生信条，使他具有哲人那样能够包容一切的气度和胸怀，从而让他从种种令人烦恼的人际关系中挣脱出来，活得那样轻松、潇洒。由于我们缺乏这样的气度与胸怀，便常常陷于烦恼与疲倦之中。

教育是一门科学，更是一门艺术，在工作中只有讲科学、讲创新、讲艺术，才能培养出适应社会需要的高素质的人才来。在今后的工作中，我要不断学习，积极探索，善于总结，使自己的工作水平不断提高。

浅谈家长的公民意识

最近，学校为了抓好安全工作，出台了一系列关于常规管理的措施，要求老师送队到指定地点，家长到指定地点接送，中午上学不能早到校。政教处还专门拟发了《给家长的一封信》，向家长通告了相关的管理规定。从家长们的反馈情况来看，95%以上的家庭都积极配合，支持学校的管理工作。我们也一直相信，大多数家长都是通情达理的。为了孩子的健康成长，哪一位家长不愿支持学校的工作呢？

然而，在实际操作过程中，我们发现有少部分家长无视学校的管理规定，不仅在学校的大门前接送学生，还与劝阻的老师恶语相向。究其原因，是担心孩子一个人走路不安全，或者是早上起床迟了，害怕孩子上学迟到。这些表面上充满深情的理由，却是极端不负责任的。试想，如果我们所有的家长都到校门口接送学生，造成门前拥挤不堪，车满为患，这样你就觉得安全了吗？至于说害怕孩子上学迟到，这样的理由更是站不住脚的，早起几分钟不就OK了？

最近几年，江苏省开展了公民教育实践活动，宿迁在全市选择了十九所学校开展试点工作，我校是其中之一。公民教育实践活动旨在帮助学生建立规则意识、程序意识等公民基本概念，培养具有爱国、爱他人、守法、履行公民义务、人格健全等基本素养的合格社会公民。加强公民教育，增强公民意识，是提高民族素质的重要途径。让学生到指定地点，自己步行上学，是我校公民教育实践活动其中之一。此项工作，有利于培养孩子的独立自主能力，培养孩子的交通规则意识，能够更好地促进孩子综合素质的提高。

准确地说，完整的教育应该由家庭教育、学校教育和社会教育三部分组成，不可或缺。遗憾的是，有少部分家长缺乏公民意识，把教育的责任全部推给了学校，这种做法的直接后果就是5+2=0，孩子在校受到的教育回家后得不到强化或者是弱化，就出现了等于零甚至是负数的现象。

常听家长说："我家的孩子不听话，爱睡懒觉，爱吃零食，爱看电视，老师你要管一管。"诚然，作为教师，我们以教育学生为己任，努力把学生教育成德智体美劳全面发展的高素质人才。但是，家庭环境和社会风气的影响，却也至关重要。孔子曰："与不善人居，如入鲍鱼之肆，久而不闻其臭。"如果家长的公民道德意识谈薄，对于约定俗成的道德规则置若罔闻，我们又如何去教育、影响孩子呢？家长是孩子的第一任老师，其榜样的力量是无穷的。因此，我们真诚地希望，各位家长能够携起手来，提高自己的公民道德意识，自觉遵守学校的各项规章制度，为我们的下一代创造一个良好的成长环境。只有这样，我们的孩子才有希望，我们的祖国才有前途，我们的未来才会充满光明。

教学论文

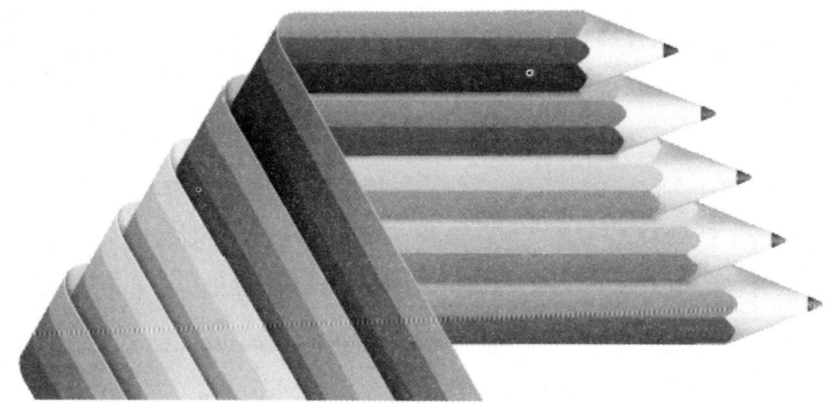

刍议小组合作学习的操作策略

最近经常听到一些老师在议论，说小组合作教学对小学生不适用。有的老师说，一堂课下来，教室里叽叽喳喳，根本无法组织教学。有的老师说，虽然上公开课时都用小组合作学习的教学模式，但是一走进自己的课堂就依然是传统教学，要求学生死记硬背。为什么这部分老师对小组合作学习如此排斥呢？我想，主要原因就是他们没有深刻理解小组合作学习的重要意义。在小组合作学习过程中，学生可以很好地把自己融入到小组的集体中，增强自身的合作意识；在小组合作学习过程中，他们要学会如何倾听别人的意见，学会倾听也是一种好的学习品质；在讨论的过程中，他们可能会有争执，但为了完成任务他们还得齐心协力。他们相互沟通、相互理解，从而发现别人的长处，认识到自己的不足。小组合作学习的教学模式很好地为每一个学生提供一个自我展示的机会，每个人都有自己的发言权，每个学生都平等地得到锻炼的机会。在这个过程中，他们每个人都会进一步发现自我，认识自我，共同分享成功的喜悦，他们会在不知不觉中增强自己的主人翁意识，促进每个人的全面发展。

自从学校推行小组合作学习的教学模式以来，笔者一直采用这种模式进行教学，下面便是笔者的几点心得体会。

一、小组的划分要合理

我们都知道，小组的划分可以采取组内异质、组间同质的方法来划分，不能随便把坐在一起的几个人就划分为一组。但是如何把握好“质”，却需要动一

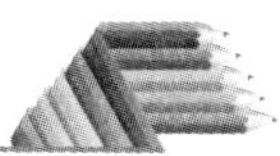

番脑筋。有的学生虽然学习成绩很好，但是不善于表达，组织能力也不强，这样的学生就不适合做组长。同时，在排座位的时候，还要兼顾学生的个子高矮情况等。我的划分方法是：假如本班有36名学生，我根据他们的成绩排名情况（排名次对学生及家长是不公开的）把学生排成六队，第一名到第六名站一队，第七名到第十二名站一队，以此类推。每队再按个子高矮排序，个子矮的坐前面的小组，高的坐后面的小组。最后再根据学生的交际能力、语言表达能力、组织协调能力等进行适当的微调。这样可以很好的达到组内异质、组间同质的要求，这样的分组也便于他们在组间公平地竞争。

二、教师要经常指导

有的教师以为小组划分好了，就可以开展小组合作学习了。其实不然，小组划分好了，还需要教师对小组进行指导，指导他们为自己的小组制定合理的管理制度，对每个人进行合理的分工，明确每个成员的职责，使他们形成共同的目标。为了增强小组内的凝聚力，可以让每个小组为自己的小组起一个名字（比如：梦想组等）。合作的方式和习惯需要长期培养。教师要指导学生能够先认真地听取组内成员的意见，然后再发表个人的见解。

三、小组讨论的问题要有价值

有些教师为了在课堂上能体现小组合作学习，随便遇到一个问题，就对同学们说："大家讨论一下。"这样做肯定是不对的。小组合作学习也有一定的条件，并不是语文课堂上的所有问题都适合小组合作学习。在设计合作探究的问题时，要根据学生的最近发展来设计，要有一定的思维深度，让学生在经过思考之后能够得出问题的答案，从而体会到成功的喜悦。如果讨论的问题过于简单，学生很快得出结论，就会随便讲话，影响课堂纪律。如果问题过于复杂，单靠学生已有的知识水平和生活经验不能解决，学生怎么思考，怎么讨论也无法解决，

就会畏惧学习。对于这样的问题，也不能直接让学生合作学习，需要教师及时启发，点拨引导，然后再让小组成员一起讨论交流。

四、允许探究的答案多元化

问题的提出是要教师事先精心设计的，不能即兴发挥。作为教师，自己对问题要有明确的答案，但对于问题探究的结果应该允许有不同层次的答案。教师应根据全班学生的认知水平、学生间的差异，允许浅层次、中层次、高层次答案的存在，只要符合本题意思就可以。教师还可以把学生们的答案选择一些具有典型性的展示给学生们看，让学生们自己比较，选择最佳的回答作为本题的答案。这样的处理还有一个好处就是可以让班级的每个学生都参与进来，知道为什么选择这个答案。

五、评价机制要健全

对于小学生来说，教师的一句表扬可以激发他们的表现欲望。如果教师的小组评价不到位，或者说不能坚持长期评价，想起来就说两句，想不起来就一两个月不提及，学生对小组就没有概念，无法形成集体意识，不会产生小组的集体荣誉感。所以,采用小组合作学习一定要健全评价体制。对于表现好的小组，还可以通过发奖状、发作业本等方式进行激励。

总之，小组合作学习的目的就是让全班的每个学生参与进来，一起思考、交流、合作，进而解决问题。我们能够熟练运用小组合作进行教学的时候，就会收到事半功倍的效果。

【参考文献】

[1] 韩吉东主编 . 合作学习的 100 个问题 [M]. 青岛：青岛教育出版社，2009 年 5 月 .

[2] 王坦 . 合作学习——原理与策略 [M]. 北京 : 学苑出版社，2001.

[3] 张东兴 . 浅谈小组合作学习的教学策略 [J]. 教育实践与研究，2000，(9).

[4] 蔡林森 . 教学革命——先学后教 [M]. 北京：首都师范大学出版社，2011.

[5] 赵笑梅 . 小组合作学习的四个基本经验 [J]. 教育科学研究，2001，(12).

[6] 庞国斌 . 王冬凌 . 合作学习的理论与实践 [M]. 北京 : 开明出版社，2003.

[7] 郑金洲 . 合作学习 [M]. 福州 : 福建教育出版社，2005.3.

[8] 马兰 . 合作学习 [M]. 北京 : 高等教育出版社，2005.4.

单元类结构教学策略初探

长期以来，我国的语文课程设置都是以单元形式编排，语文教学都是以单篇课文传授为主。我们也习惯于从词语教学、段落层次、主旨写法等几方面组织教学。这样势必造成训练要点的敷衍或缺失，无法形成彼此联系、相互作用的单元整体教学观。导致我们现在的语文课堂气氛沉闷，学生疲于应付，学习的积极性和主动性如同温水煮蛙般被慢慢扼杀。

在教学中，笔者尝试将“类结构”的概念引进语文教学，突破传统的单篇教学模式，将每一单元中的数篇课文作为一个整体，视为一个教与学的“类结构”，进行有目标、有组织的系列教学活动。单元的存在，首先是一种“类”的存在，是某类文本的集聚整合。“结构”，包括文本的“内容结构”、学习某一内容的“方法结构”、教学某一内容的“过程结构”。所谓单元类结构教学，就是将相同题材、相同主题、相同表现手法的文本整合成一类，由此展开教学。在教学中，把单元作为一个知识系统，按照一定的程序依次完成读、讲、议、练，构建起学生知识结构和能力结构的教学方法。通过单元系统结构教学的整理性、目的性和联系性，培养学生的创造性思维能力。

一、转变观念，理论引导

1. 角色观念的转变。教师要从原来身居讲台、居高临下、灌输知识的“指挥者”变成“教练”“导演”，让学生成为课堂的主人，给学生发表意见的一席之地，老师是和他们一起参加学习活动、共同研究的“同道者”。

2. 文本处理方式的转变。教师要从单篇课文教学的框框中跳出来，运用系统论的“整体原理”把握教材，着眼于教材的拓展、延伸，给学生以尽可能多的信息。

3. 教学方法和教学手段的转变。教师的作用不仅在于教会学生什么，更重要的是点燃学生求知的火种，激发他们创造的欲望。在单元类结构教学设计中，其中很重要的部分是如何调动和激发学生的学习积极性，发掘他们的潜在能力。

二、紧扣单元，整体运转

“单元类结构教学”就是以一个单元为整体，引导学生从整体入手，整体把握教学内容。紧扣单元训练项目把课文相关知识联为一条教学线索，融听说读写训练为一体，使单元整体运转。

1. 单元通读课型——单元导入

单元通读课就是组织学生通读一单元的课文，引导学生从单元整体入手，明确学习任务。通读课上要使学生初步了解“学什么”——本单元共有几篇课文，哪几篇是讲读课文，哪几篇是略读课文，这些课文之间有什么内在联系，然后讨论“怎么学”——在通读单元篇目的基础上，了解课文思想内容，体会作者是怎样表达的，领悟作者的表达方法。

2. 单元精讲课型——学法指导

在精读课文中选择一篇作为典型课文教学，在教学中紧扣单元训练项目兼顾本课的教学目标教给学生读写方法。再学习另一篇精读课文时，教师就可以引导学生运用典型课文教学中的读写方法学习新的内容。如笔者在执教苏教版小学语文第四册第四单元时，先学习《母亲的恩情》一课，归纳出“读——说——看——品”的学习方法，学生运用此种方法探究学习了《木兰从军》一课。

教师还可以根据单元内几篇精读课文的紧密联系进行对比教学。如执教苏教版第八册第六单元环保篇时，将《特殊的葬礼》《沙漠中的绿洲》《云雀的心愿》三课同时进行教学，这三篇课文都是关于保护环境、改造环境、美化环境的教育，它们之间既有联系，也有区别。把它们放在一起教学，既解决了问题，又节省了教学时间。

精读课文是阅读教学的主体，是学生学习语文的范例，是培养学生阅读能力的重要途径，是把知识转化为能力的桥梁。在单元精讲课型上，教师要有意识地强化学习方法的归纳、概括，为学习略读课文铺路搭桥，这样才能取得“精读带略读，课内带课外，课内打基础，课外求扩展”的实效。

3. 单元略读课型——学法巩固

在这种课型中，老师可先出示自学提纲，让学生运用学到的读书方法，自己读懂单元自读课文，在理解课文思想内容的基础上，领悟作者的表达方法。教师课堂巡视，在学生有问题的情况下，做个别辅导或全班讲解。每节课可自读多篇文章。

三、强化体系，提升素养

单元类结构教学不仅强化了单元知识体系，还在核心知识的生成和生活化课程知识的活动体验中，提升了学生的综合素养。

1. 提高了学习成绩。通过单元类结构教学模式的实践，学生的知识结构更加系统化,知识之间的内在联系更加紧密。学生也能更好地把握知识的记忆规律，从而提高自己的学习成绩。

2. 培养了创造性思维。在单元系统结构教学中，通过教师的学法指导，系统化、结构化教学，创设情景，设置悬念，激发了学生学习的热情，使学生由学会变为会学，提高了学生阅读、分析、综合和创造性思维能力，为培养高素质人才奠定了基础。

3. 激发了学习兴趣。单元类结构教学具有开放性、活动性的特点，使学生从封闭的教学空间走向了社会大课堂，从单一的课本信息来源变为多渠道、全方位的感知、接受，所以学生充满好奇和渴望，表现出浓厚的兴趣。

4. 陶冶了学生情操。语文学科是一门人文学科，它除了教会学生必要的知

识以外，还承担着陶冶学生丰富情感，培养学生高尚情操的使命。小学语文教材充分体现了民族文化的精华，在单元类结构教学中，我们注意将分散在各篇课文中的情感因素聚“点”成“块”，培养学生体验作者情感并将情感内化为自身行为的能力。培养情感，不靠说教，在于春风化雨，润物无声。教学中，老师注重氛围的创设，让学生在这氛围中，不知不觉地受到感染，自然而然地产生情感。

通过单元类结构教学，学生的语文能力和综合素质得到了全方位培养，比如观察能力、表达能力、搜集整理资料的能力、学习评价能力等等。单元类结构教学的过程，是学生运用各种知识的过程，也是学生各方面能力进一步得到培养和提高的过程。

参考文献：

1、李政涛《从“单元”教学到“单元类结构”教学》《江苏教育》2011 年 13 期

2、蔡志坚《单元统整教学的价值与效果的探讨》《江苏教育》2012 年 4 期

“童言”倾吐“童心”

儿童时期是人们情感的形成期，要培养一个充满活力、充满个性的新时代建设者，就要让他们在情感形成的过程中没有束缚，尽情发挥，倾情挥洒，在阳光月色下展开腾飞的翅膀，在春光秋色里放飞心灵的希望。只有这样，学生才能在课堂中彰显生命的活力，体会到学习的快乐，在美轮美奂的文本中神思遐想，移情忘怀。

一、读懂儿童心理，做个童心园丁

俗话说，知己知彼，百战百胜，小学教育亦如此。作为一名教师，我们只有了解儿童，读懂儿童，走进儿童的情感天地，做一名充满童心的园丁，才能让他们的心灵得以极限释放，情智得以纵情喷涌。如何成为一名充满童心的园丁呢？那就要从“知生”开始，在日常的教学和生活中张开双耳，从学生们无数的嬉闹中循到他们心灵的渴望。只有汲取大量儿童情感之精髓，才能读懂儿童，成为一名童心园丁。

二、营造和谐氛围，放飞学生思维

在教学中，如果教师主宰课堂，金口玉言，不容侵犯；学生顺从定论，信奉“真理”。那么，这样的课堂中走出来的孩子没有个性可言。真正的语文教学

应该是开放而又富有创新活力的。在跟孩子们一起学完《曼谷的小象》一文后，我问他们："你们喜欢文中的阿玲吗？"孩子们纷纷回答道："喜欢，因为她能够指挥小象，帮助我们拉车、洗车，她很乐于助人……"然而就在我们达成共识的时候，有一双小手仍旧高举在那儿，还没有经过我同意，他就迫不及待地发表了意见："老师，我不喜欢阿玲，动物是我们的朋友，可她自己却很懒惰，老是指挥小象做事情。"一番话让刚才那些自以为学得不错的孩子，包括我也愣住了，显然他的回答在我的意料之外，让我有些措手不及，但是仔细分析孩子刚才那与众不同的回答，我心中又是一阵惊喜，他的回答不正是告诉大家：人和动物本来就是朋友，相处久了，就可以相互帮助。他的回答分明给大家上了一堂精彩的课——人与自然，人与动物之间都应该和谐地相处。我向那个男孩走近，为他喝彩，教室里顿时掌声如雷。没有想象就没有创造。无穷智慧的碰撞，必然会擦出创造的火花，引发创造的潜质。从这些孩子身上，我们能够深刻地感受到，他们有着与生俱来的创新思维，如果我们给予他们足够的空间，他们就会尽情地释放自己生命的本色，可贵的天赋，无限的创意。

三、感受童言无忌，体会儿童率真

孩子是受教育者，是可以引导的，但这种引导和教育不是把成人的思想认识强加给孩子。下面是一位四年级学生所写的《梦中的妈妈》的片断：

"妈妈，你知道吗？昨晚，我做了一个梦，梦到了你，你在我的梦中，是多美呀！梦中的你，穿着闪亮的高跟鞋，身着美丽的连衣裙，简直就像童话故事中的白雪公主。

梦中的妈妈待我真是太好了，给我买了钢琴、电脑还有许多学习用品，应有尽有。我简直太高兴了。现实中的妈妈，对我的要求非常严格，双休日的学习任务，也给我排得满满的，我几乎没有可以自己安排的时间。

这也许不是最有意义的文字，但它却是原汁原味、真实鲜活的。这段文字完全由一颗儿童的心所感受，是孩子的有感而发。在作文中自由表达自己的思想认识和生活感受，是一种不拘形式、依性抒发的纵情交流，是对崇尚平等、自由的儿童文化精神的一种追求。

每个孩子的精神世界都是一本独特耐读而又不易读懂的书。让“童言”倾吐“童心”，必然能放飞孩子的心灵，多一份自由，必然能多一份感悟。海阔凭鱼跃，天高任鸟飞。让学生用自己的心灵感悟美好的人生，用自己的语言描绘多彩的生活，我想，这应该是我们语文教学永恒的追求。让孩子的“童言”倾吐“童心”，相信我们的语文教学必将会迎来一个生机盎然的春天。

不要过分赏识我们的孩子

著名作家萧伯纳说过，人生有两大悲剧，一是万念俱灰，一是踌躇满志。以前，有些教师、家长对孩子求全责备，往往用自己也很难达到的标准要求儿童，盯住他们的缺点不放，恶言相向，穷追猛打。这些苛求，使得儿童的心态不断自卑。他们开始怀疑自己的学习能力，怀疑自己存在的价值，质疑自己生活的意义，最后甚至于万念俱灰。在这种情况下，以关爱孩子为前提，赞扬肯定为基础的“赏识教育”应运而生。赏识教育作为一种培养学生健康心理的有效方式，受到极大的关注与推崇。公开课上，教师那充满激情的“你真行”“很聪明”“很了不起”等溢美之词，不绝如耳。诚然，孩子们在得到肯定和赏识后会增强进取心和自信心，但过度的赏识也使孩子们慢慢变得自负起来，有的孩子认为只要自己会做了一些题目就很了不起，就应该得到表扬。相当多的学生开始盲目自信，总觉得自己比其他人都行。在学习和处事过程中对别人的意见、看法根本就没有耐心听，甚至不想听、不愿听。这些孩子往往只能看到别人的缺点而看不见自己的缺点，在他们的“字典”里已经没有了谦虚。因此，笔者认为，在我们的赏识教育中，存在以下几方面的误区。

误区之一：赏识 = 表扬

有的老师认为，赏识就是表扬，表扬即为赏识。他们以为多表扬学生，学生就会高兴，就会增强信心，就有学习动力。其实，这种观点是错误的，是停留在表面意义上的肤浅理解。以为表扬就是赏识，是把赏识表面化和静止化了。如果我们教师不去全面地了解学生的性格和心理特点、学习生活习惯，没有认识到学生与学生之间的差异，没有走人学生的内心世界去感受学生，理解学生，

就无法理解赏识包含有更丰富的内容，就容易走入为表扬而表扬的教育误区。

赏识并非只是表扬,但运用到教育教学实践中,表扬是用得最多的手段。“赏识”在词典里的解释是:“欣赏、赞赏，认识到别人的才能或价值而予以重视或赞扬。”而“表扬”是:“对好人好事公开赞扬”,即对行为的赞扬。通俗地讲,“赏”是欣赏，“识”是认同，合起来的意思就是欣赏孩子，认同孩子。赏识其实就是一种心态，把赏识等同于表扬，是将赏识当作了一种手段。赏识的确可以用表扬这一方法来实现，但赏识绝不等同于表扬。赏识包括表扬，外延也大于表扬，内涵也比表扬更丰富。表扬是赏识教育这颗大树上的分支。可以这么说，以赏识的心态巧妙地运用表扬的方式，来达到赏识学生的目的。

如果说表扬是外显的，那么赏识就是内在的；表扬是单一的手段，赏识有丰富的内涵；表扬是对对方已有的东西的肯定，而赏识则更多地包含了对对方在今后发展中的期待。真正要做到赏识，仅有表扬还不够。还要有关爱，欣赏，从内心真正地爱学生，让学生真正感受到你的爱心，用宽容而不是挑剔的眼光去看学生，用欣赏而不是抱怨的态度去对待学生，以信任而不是怀疑的心理来相信学生可以变好。

误区之二：好学生是夸出来的

目前，中小学普遍提倡“赏识”教育，认为好学生是“夸”出来。的确，相对于我们过去的“挑错”教育来说，赏识教育对培养学生的自信和创新思维有着重要的意义。针对学生言行的不当或错误，教师不能为了赏识而曲解赏识教育的真谛。其实，赏识教育的真谛在于对学生的充分信任，包括对学生纠正错误，或勇于承担过错的信任。

让孩子们正确面对挫折。真正战胜挫折，就要把握好赏识教育的度，即不仅要把握好表扬的“火候”，也要掌握好表扬的时机。赏识教育和挫折教育历来是一对孪生兄弟,任何一方缺失都不利于小孩的成长,只有相辅相成、恰当运用,才会让孩子从赏识中增强信心，从批评中学会反省，从而不断进取。

实际上，过分表扬可能会导致紧张心理和行为失当。比如说，一个孩子经常被称赞聪明，那么他可能就不大愿意接受负有挑战性的学习任务。因为他们

不想冒险失去聪明的帽子。相反，如果我们对孩子付出的努力进行肯定，那么他们可能对于艰难的任务会更加坚持不懈。

误区之三：滥用表扬

表扬是赏识教育中不可或缺的手段，对于增强学生的自信心起到很好的促进作用。但是，我们能不能一个劲儿地夸孩子呢？设身处地想一想，要是我们成人身边有个人天天没事找事地夸奖你，你会因此就信心倍增？继而好好工作，天天向上？在生活中，那些不切实际、无关痛痒的机械表扬，我们自己听着也不舒服。何况孩子们呢？

因此，我认为，在赏识教育中，表扬并不是越多越好。有些老师不能很好地把握分寸，什么事都容易做过了头。表扬多了，特别是司空见惯、唾手可得的表扬，就显得泛滥，毫无价值，降低了学生对表扬的敏感度和接受程度。学生一副无所谓的样子，容易失去学习动力的激励作用。

表扬过多，还会使有的学生过分依赖表扬，容易为表扬而做事，把表扬当作做事的目的，以满足自己的虚荣心。而年龄较小的低年级小学生，由于自身的评价体系没有完全建立起来，就会过分依赖于这种外部的认同，并被这些外部因素所控制。一旦缺乏，就会有某种与药物依赖相似的症状，出现动机匮乏、兴趣下降、目标丧失等危机。

表扬过多，还会使有的学生变得心理脆弱，经不起挫折和打击，听不得善意的批评。或者被批评了容易产生受挫感，伤及脆弱的自尊，像温室的花朵，经不起风雨。因为习惯了被表扬，一直被优越感、自豪感包围着，变得妄自尊大，骄傲自满，对自己的自我评价容易偏离正常轨道，不容易建立起正确客观的自我意识。因此，表扬就像青霉素，使用时要有一定的标准，包括时间和剂量，绝不能随意用药。

误区之四：数生十过不如奖生一长

在这种理念的引导下，我们的教师带着放大镜去寻找学生的一个闪光点，而对于学生的十个缺点却置之不理，任由其滋长蔓延。对于小学生来说，他们的是非观点还没有形成，他们在做了一些错事之后，自已却浑然不知，如果教

师不能及时指出，学生往往认为这是正确的，以后还会继续重复这样的错误。

因此，这句话应改为“奖生十长应数生一过”。这里的数生一过，并不是指要批评、打击学生，而是用描述性的语言，告诉学生错在哪里，并告诉他正确的方法。比如，一个学生计算 3+2=4，教师倘若不是指出学生的错误，反而这样表扬他“你的答案很接近正确答案”或者说“你错得很有价值”,这种表扬，不管出于何种理由，其结果恐怕只能与表扬者的初衷相反。因为错误就是错误，任何掩饰遮盖都是掩耳盗铃、自欺欺人。

误区之五：没有教不好的学生，只有不会教的老师

众多的孩子在“你真棒”“你能行”等不虞之誉中成长。从幼儿园，每个孩子每学期都会得到一张好孩子的奖状。到了小学阶段，如果有哪个老师胆敢对孩子的不足提出异议。家长就会说：“我的孩子一直表现很好啊，怎么到了你的班上就变得不好了呢？只有不会教的老师，没有教不好的学生。”就像皇帝的新装，小学的老师就这样一年一年地薪火相传，自欺欺人地对孩子说：“你是最棒的。”因为，如果说孩子不行，那就等于说自已不会教。

我一直认为，教育和治病有很多的相通之处。治病拯救的是人的身体，而教育则是挽救人的心灵，所谓灵魂的工程师，意即如此。然而，哪个高明的医生敢叫嚣“我能治好所有的病”！也不知医术界是否有“没有治不好的病人，只有不会治的庸医”一说。事实上，如果所有的病都能治好，就不会有那么多的高级官员因病逝世。如果所有的孩子都能教好，就不会有那么多的罪犯，也不会有那么多的层次不同的岗位与分工。闻道有先后，术业有专攻。孩子在某一方面学得不好，很正常，我们并不是要批评，而是要承认。对于孩子的不足，我们坚决不能赞扬。

诚然，赏识教育对于素质教育的大力推进有着举足轻重的作用。然而，凡事都有度，过犹不及。和孩子一起，我们应该用最自然的方式去相处。感到开心的时候就表达你的开心；需要等待的时候就陪他耐心等待；孩子做错的时候就指出他的问题；孩子不听话时就要表达你的愤怒，适当的时候还要加上一些惩戒。适当的愤怒和惩戒就像普通的感冒一样，是一种周期性复发的行为。在

对孩子的教育中，不生气并不会给孩子带来任何好处，只会让孩子觉得你对他漠不关心。总之，在我们的教育教学中，赏识绝对不能过火。因为赏识的本质是一种心态，是一种为人父母与师长对孩子最天然最美好的态度。

尝试六要素教学　打造高效课堂

近年来，我校全力推进课程改革，努力打造高效课堂。我们认识到，要想打造高效课堂，必须从转变课堂教学方式开始，让我们的课堂教学思想、方法、模式更能体现教育的规律、人的认知规律和学生的身心特点。在实践中，我们提出了“六要素”课堂，即“课前自主预习，课中合作探究，全程质疑导学，注重双基训练，重视拓展延伸，实现当堂达标”。

一、课前自主预习——自主预习，发现问题

“凡事预则立，不预则废”，语文课程标准强调让学生拥有学习的过程与方法，强调学生在个体研读课本，有了自己的体会和感受之后进行对话交流和思维交锋。预习则要求学生研读理解课本和资料，以获得直接经验。学生在预习时会遇到一些疑难点，要让学生写下来。在预习环节中，教师要教会学生质疑。“学起于思，思起于疑”，预习就是寻疑的过程。因为有了问题，学生对新课的学习才有目标。有目标的学习，才会达到事半功倍的效果。学生只有带着自己的疑问和体验走进课堂，讨论交流时才会展开思维的交锋，这样的教学才能充满生命的活力。

二、课中合作探究——自主学习，合作探究

语文课程标准倡导“自主、合作、探究”的学习方式，三者相辅相成，缺

一不可。强调“教师要注重培养学生的独立性和自主性，引导学生质疑、调查、探究，在实践中学习，促进学生在教师的指导下主动地富有个性的学习。”《基础教育课程改革纲要》强调“自主学习就是为学生获得终生学习能力和发展能力打下基础的。”它把学生作为主动的求知者，在学习中培养他们主动学习，主动探索，主动运用的能力，使学生真正成为课堂主体。新课程强调学习过程，强调学生探索新知的经历和获得新知的体验，而自主合作探究的学习方式恰恰可以保证学生学习的有效性。

合作探究需要借助于小组合作式教学。将学生分成若干个小组，让学生在小组内合作、探究、质疑。在小组内不能解决的，再由全班同学共同探究。教师在教学过程中要关注每个小组的动态，提问的时候要注意让大多数学生都有充分表达的机会，以达到面向全体学生，增强学生自信的目的。

三、全程质疑导学——分析问题，解决问题

“学源于思，而思源于疑。”小疑则小进，大疑则大进。学生学习知识的过程就是他们发现问题、提出问题、分析问题和解决问题的过程。现代教育心理学研究也表明，激励质疑不仅能使学生迅速地由抑制到兴奋，而且还会使学生把学习视为一种“自我需要”。课堂合作学习中应把质疑作为教学过程的重要组成部分，引导学生带着疑问去学习，去合作讨论，从而激发学生在小组学习中共同探索，合作解决问题的求知欲望。质疑的问题就是学生不懂的问题，就是“学什么”的问题。如果“学什么”能由学生决定，必定焕发起学生学习的极大热情，这就为小组合作学习的有效性打下了良好的基础。因此，我们认为引导学生质疑，应该贯穿课堂教学的全过程。

四、注重双基训练——夯实基础，训练技能

《基础教育课程改革纲要》中明确指出，使获得基础知识和基本技能的过

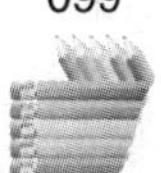

程同时成为学会学习和形成正确价值观的过程。这句话清楚地表明，新课程改革是强化“双基”训练的。

21世纪需要具有高度科学文化素养和人文素养的人。这样的人必须具备两个条件：一要掌握基本的学习工具，即阅读、书写、口头表达、计算和问题解决；二要具备基本的知识、技能，以及正确的价值观和态度。双基教学就是重视基础知识、基本技能的传授，追求基础知识的记忆和掌握、基本技能的操演和熟练，以使学生获得扎实的基础知识、熟练的基本技能和较高的学科能力为其主要的教学目标。六要素课堂也非常注重双基训练。

五、重视拓展延伸——拓展应用，提升能力

学生掌握了知识，并不意味着教学活动的终结。学习的目的是为了应用，应用到实际中，应用到生活中，能“学以致用”才算达到了目的。因此，“立足课本之中，跳出课堂之外”，以教学内容为基础，对所学知识进行适当的拓展，可以使学生触类旁通、举一反三，培养和提高相应的能力。

举一反三，是学习的最高层面。学习中有三种境界，“狗熊掰玉米，掰一个扔一个”是第一种境界；告一知一，告二知二是第二种境界；告一能知二，知三是第三种境界。举一反三是一种很重要的学习能力，没有这种能力，孔子甚至认为这种人不值得去教。因为在现实中遇到各种各样的问题和我们学生遇到各种各样的题目是一样的，是永远做不尽的。因此必须掌握举一反三的学习方法，才能达到事半功倍的效果。

在教学中教师要注意培养学生举一反三、拓展延伸的能力，让学生通过思考探究掌握知识，不仅要会还要能讲，最后要达到举一反三的目的。“举一隅以三隅反”就是知识生成的过程，就是思维发散，真正掌握知识的过程。

六、实现当堂达标——查找不足，检验效果

传统的课堂，有的看似热闹，但学生实际学得并不够扎实。尤其是在公开课中，课上得很好，设计得也很新颖，但对知识的落实却往往不到位。这样的课堂，等于纸上谈兵。因此，适当的课堂检测有利于检测学生对于知识的掌握。教师可以根据学生的掌握情况，进行查漏补缺，制定下一步的学习计划。

谈独生子女的培养

近年来，随着独生子女家庭的增多，家长望子成龙、望女成凤的心情也越来越迫切。因此，众多的家长走向了极端。一是培养目标的片面性。一些家长对子女成才的期望值过高，把自己的意愿强加给孩子，完全不顾孩子的心理承受能力，对其要求过分严格，忽视了儿童素质发展的阶段性，给孩子增加过多的思想负担和心理压力，忽视孩子的思想道德水平和体质健康的发展。另一个极端是满足子女物质享受的盲目性。有些家长抱着再苦也不能苦孩子的心理，竭力为子女创造物质享受和舒适的生活环境，满足他们在吃喝穿用等方面永无止境的要求，使孩子得到他想要的一切，整天过着衣来伸手，饭来张口的生活。使孩子养成娇生惯养、好逸恶劳的不良习惯。因此，对独生子女的教育，家长应注意以下几点：

一、学会对孩子说“不”

无论上学还是放学，我们总会在学校的门口看到一些哭闹的孩子。这些孩子大多是要这要那，遭到家长的拒绝后，便放声大哭，甚至手脚并用，胡抓乱挠。而大多数家长，为了上班不迟到，为了摆脱在公众场合的难堪，为了让孩子不挨饿……在僵持一阶段后，大都会屈服于孩子的要求。这些饱含深情的理由，带来的结果就是让孩子变得越来越任性。家长用长者的自尊，换来的只是暂时的轻松，家长一味地妥协与忍让，腐蚀了孩子成长的根基，为将来的生活埋下了隐患。

实际上，每一个孩子在最初提出要求时，总是以试探的方式坚持自己的要求，只要家长的拒绝还没有让孩子感到害怕，孩子都会继续坚持，并采用哭闹的方式要挟家长。如果家长开始屈服，孩子的任性就得到了强化。当孩子尝到了任性的甜头，就会变本加厉，采取更加执拗的方法让家长满足自己的要求。相反，如果家长非常坚决地拒绝孩子，他们就会逐渐地放弃。因此，家长必须学会坚决地对孩子说“不”。

二、培养孩子的独立技能

在家庭教育中，有一些家长认为，孩子的自理能力是自然而然形成的，等到孩子长大后，就什么都会了。事实果真如此吗？无数的事例证明，他们不去学习根本就无法适应社会。还有一些家长认为，只有帮孩子做事，让他们不愁吃不愁穿才是对他们认真负责。实际上，这样做恰恰表现了他们对孩子的不负责任。因为帮孩子做事只是举手之劳，而教孩子学会自己做事却是非常困难的。就拿吃饭来说，给孩子喂饭简单易行，而教孩子自己吃饭则可能会弄得一片狼藉，非常麻烦。然而，如果我们不教给孩子自己做事的本领，他们的自理能力就得不到锻炼，家长的服务就会无限期的延续，从而形成沉重的负担。

因此，家长应该从主观上改变自己的偏见，充分认识到培养孩子自理能力的必要性和重要性，逐渐引导孩子独立做事，不要总是认为孩子做不好事情，看到孩子做事稍慢或不尽如人意就横加指责，伸手包办。作为家长，我们应当把重点放在传授孩子的独立生活能力上，耐心教给他们自己处理事务的本领。真正有远见的家长，应该在孩子小的时候多费一些时间和精力，培养孩子的独立生活技能。孩子的自理能力形成得越早，家长的受益也就越早。

三、营造和谐、平等、宽松的环境

1. 让孩子选择自己的爱好。很多家长对孩子未来很担忧，为了使孩子以后

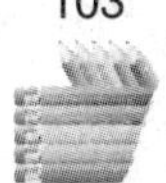

能够出人头地，他们早早就为子女制定了各种学习计划。这种做法往往给孩子带来不必要的压力和烦恼。时代在变化，家长不能再用二三十年前的眼光、自己的理想来规范、约束孩子，否则，有时对孩子带来的伤害和影响是意想不到的。马克思主义哲学原理告诉我们，人与人之间是存在着差别的，每个人都有自己的特点与个性。作为家长，我们应该让孩子选择自己的爱好。试想，如果你的孩子五音不全，你却硬逼他学习钢琴，孩子指下有声，心中无谱，怎能学好？当孩子被逼着坐在钢琴前，他便会傻傻地想：要是有人把钢琴偷走，该有多好！有的孩子为了不弹琴，甚至想到要断指。这是多么失败的教育。

2.正确对待孩子的错误。辩证唯物主义认为，一个人无论年龄多大都会犯错。著名特级教师于永正说过："孩子的错误是一种宝贵的资源。"对于年幼的孩子来说，他们往往不是故意犯错，而是不知道该怎么做。这是，我们家长应该对孩子讲清道理，培养他们明辨是非的能力，切不可以指挥者身份自居，动辄给予严厉的批评或打骂。况且，孩子也有独立的人格，也是国家的一个公民，为人父母者应懂得尊重孩子，做到以理服人。家长与孩子的意见出现分歧时，应该力争通过阅读书刊或请教老师或相关的专家。

四、培养孩子的耐挫能力

近年来，在赏识教育的大力推广下，我们的孩子在"你真棒""你是最好的"等不虞之誉中成长。毋庸置疑，这样能够使孩子树立自信，提高学习的兴趣。然而，我们也发现，近年来，因为受了批评、考试成绩不好等原因而采取拒绝上学、离家出走、自残，甚至自杀等极端举动的孩子逐渐增多。这说明很多孩子的耐挫能力很差，严重的已经表现为人格障碍。

实际上，孩子刚来到这个世界时，都是软弱的，但每一个孩子都有坚强的潜能。这种潜能最终能否得到发挥，关键在于成长的过程中，是否历经过情感、意志的磨练，并获得对生活的感悟。对于任何一个孩子来说，父母都无法陪伴一生。他们最终都要靠自己去独立面对社会。孟子曰："天将降大任于斯人也，

必先苦其心志，劳其筋骨……”因此，要想自己的孩子能够更好地适应社会，我们只有尽可能地培养他们的耐挫能力。

总之，我们家长对待孩子应该做到爱而不惯，严而不苛，努力把孩子培养成心理和生理都十分健康的新一代。

管窥经典阅读与网络阅读的优势互补

当前，网络阅读已成为一种时尚。相比之下，经典诗文的阅读和积累却没有较大地改善。作为教师，不能杜绝学生接触网络，而是应该利用网络文化，促进网络阅读与经典诗文积累的有机结合，使之优势互补。

一、网络文化的影响——毁誉参半

当今，网络文化几乎是我们现代人生活的底色。毋庸置疑，在当今的大众传媒的格局中，网络凭借其声画兼备的优势，社会地位和影响已远远超过了报纸、广播和期刊等。显然，网络在整个社会的文化建构中所发挥的正面作用是无可比拟的。然而，因为网络文化的生产者不是作为艺术家而存在，而是作为能够迎合大众口味，为追求最高点击率和收入最大化的经营者，这就决定了网络文化的市场性，使得网络文化的审美性正在消亡。网络文化的负面影响，值得我们每一个有良知的知识分子重新审视。

二、网络与经典的关系——不可小视

在小学生的心智发展过程中，经典阅读与网络文化是一对矛盾的统一体。随着网络文化的进一步发展，两者的统一性和矛盾性日益突出。经典阅读几乎成为单纯的社会教育要求，而关注网络则成为小学生最为热衷的日常行为。

（一）网络文化对经典阅读的正面影响

1. 在网络文化的丰富内容中，渗透了许许多多经典文本的信息，因而开阔了学生的视野。

2. 网络文化为学生聚积了大量文本阅读过程中必不可少的生动表象。

3. 网络文化潜移默化地渗透着经典文本的吉光片羽，为学生接受经典打下了一定的基础。

4. 在一定的情况下，网络能引发学生对经典阅读的兴趣。

5. 网络能让学生聚积经典阅读所必须的各种信息、符号及词汇量。

6. 网络能使学生们增长见闻和知识，增进对时事新闻的了解。

（二）网络文化对经典阅读的负面影响

网络快餐的娱乐性与经典阅读的人文性形成强烈反差。网络文化往往让学生体会到娱乐所带来的快感，而意识不到经典阅读过程中的愉悦与充实，因此，网络文化在不经意中破坏了经典阅读所需的人文环境。

因此，我们只有巧妙地利用网络文化对小学生发展的积极因素，把握好网络文化负面影响，处理好小学生日常经历中的网络与经典阅读之间的关系，发挥两者的优势，实现人文性与工具性的统一，才能更好地促进学生素养的全面发展。

三、经典与网络的平台——优势互补

大家知道，小学语文教材中的一篇篇课文，都是当之无悔的经典佳作。教师只有把文本讲得精彩，学生才会对语文有兴趣，才会对经典阅读有激情。叶圣陶先生说得好：“教材无非是个例子。”我们认为，只有首先把这个例子上好，把这个例子与网络文化优势结合起来，学生才会慢慢学会将经典文本与网络阅读结合起来。大家知道，学生阅读困难的原因之一，是他们无法通过阅读文字而准确地感悟出生动鲜活的表象。教学中，我们在初步感知课文之后，让学生

利用网络查找相关视频资料，让学生形成概念后再回到文本中去理解。文本与网络图像相互反复转换，促进学生理解文本并进行语文能力的建构。情境教学的主要特点其实就是将“言”不断地转换为“意”的动态生成过程。

学生在使用网络时，大都缺少老师及家长有效的指导。而在浏览网络时，多注重画面和感兴趣的部分，这就导致学生不能完全理解网络内容，无法在那些虚拟世界中保持清醒。教学中，我们就针对这一点，利用家访的机会，与学生、家长一起上网看资料，并边看网络边交流，探究如何利用网络来学习。通过正确引导，学生对课文或知识学习有了进行一步的提高。

教学中，我们利用思品课的正面教育，引导学生进行社会价值的判断、审美能力的养成。同时还开展集体主义、社会主义民主法制、科学人生观、世界观的启蒙教育。在学生心中树立正确的是非观。具体做法：一是以网络为实例，利用已学内容，分析网络中表露的种种道德行为和非道德行为。二是利用网络中的案例尝试开展德育实践。如在教育学生节约时，让学生利用在网络中学到的一些节约水、电、土地、文具的小窍门，进行试一试，做一做，再改进改进的实践活动，并在实践过程中，适当结合相关阅读，如在阅读《鲁宾逊漂流记》中找找节约的做法等等，有效地提高了教学质量。

总之，通过网络与经典阅读的有机结合，互展所长、互补所短，就能优势互补，增加学生们经典诗文积累的数量，培养他们的语言感悟能力，提高他们的阅读欣赏能力和语文素养。

心灵的唤醒

——浅论心理疏导与作文教学的结合

近年来，学生心理健康问题而引发的惨剧日益增多，学生的精神成长也备受社会的关注。如何对学生的心理健康问题进行疏导成为当前教育迫切需要解决的问题，为此，很多学校设立了心理咨询室，并培养了一批具备专业资质的心理咨询师。教育行政部门每年也会对学校的心理咨询室进行评估和验收。然而，这种专门的心理咨询却频遇冷落。装修精良的心理咨询室根本无人问津，成为聋子的耳朵。究其原因，主要是因为学生害怕被贴上问题学生的标签。纯粹的心理疏导在小学心理健康教育中很容易被教条化，从而很难唤醒学生真诚的心灵。而写作作为精神世界的书面表达的有效方式，一直是人们书写自己心灵，沟通自己与自然、社会、生活的桥梁。人们通过书写，进而表现自己、理解自我、了解他人。

在教学实践中，笔者尝试将对学生的心理疏导和作文教学相整合。一方面，用书面语言来排解心灵的苦闷，通过师生交流、习作点评来引导学生形成积极的世界观、健康的人生观和高尚的价值观。另一方面，在学生遇到心理问题时渗透作文教学。实践证明，这种做法既可以培养学生健康的心理，又能让学生以最佳的状态投入到学习中，从而达到提高习作水平的目的。

一、心理疏导与作文教学结合的价值基础

言为心声，孩子们的习作不仅展示了其运用语言文字的能力，而且呈现了丰富的内心世界。如：与同学的冲突、与父母关系的不和谐、和朋友之间的摩擦、

应试教育的压力等。这些心理问题如果不能及时予以疏导，将会对孩子的心理健康产生巨大的影响。作为一名负责任的语文老师，在指导学生写好作文的同时，更应该当好学生的“心理医生”，及时清除他们心中的“杂草”，使他们文笔更流畅，心灵更美好。

二、心理疏导与作文教学结合的策略

作文是反映学生心灵的“窗口”，我们要利用这个得天独厚的优势，在习作指导中巧妙渗入心理疏导，引导学生充分释放负面情绪，让孩子们的心灵在习作中走向自由，走向快乐。

（一）作文教学时给予心理疏导

在作文教学中对学生进行心理健康教育，能够及时发现学生存在的问题，有效地予以疏导，预防学生心理疾病的产生，提高心理健康水平，促进学生全面和谐地发展。

1. 于选材构思时疏导

老师在为学生定下作文题后，可以借助某些曾经发生的实例来引导学生，或是让某些学生述说自己亲身经历的事情。比如作文题是《我最难忘的一件事》，可以先让学生口述自己难忘事情的经过，然后谈自己的感受。如果学生叙述时表露出自责和懊悔的情绪，老师应该抓住契机，夸赞学生真诚的态度，对于学生及时反思自己的行为予以肯定，同时还要赞赏学生在这件事情中所表现出来的优良品质，以此让学生心悦诚服。这样，学生就在潜移默化中受到了心理健康教育。

2. 于设题构思时疏导

心理学研究表明，给学生营造一个有效的心理情境，能够让学生产生学习的兴奋点。刚上班时，由于经验不足，我所带班级的考试成绩在全年级最低，整个班级学风低落，学生们都灰心丧气，缺乏斗志。后来，我布置了《期末考

试以后》的作文题目。学生们开始写作前，我说：“困难像弹簧，看你强不强。我们县城原来是全省有名的落后地区，由于全县人民团结一心，务实苦干，现在已是闻名全国的先进城市。我们不要为失败找借口，要为成功找方法。”经过写作前老师的引导，学生们快速作文，有的学生建议丢下包袱，轻装上阵；有的学生表明了背水一战的决心；有的学生则体现了破釜沉舟的勇气。经过那次作文，班上营造起了万众一心、众志成城的心理氛围。后来，这个班级的成绩逐渐上升，最后由最差变成最优。这件事情有效证明了与相关情境结合设题对于学生的心理教育有着重要的意义。

3. 于点评赏读时疏导

学生习作完成后，往往会解开心结，感觉自然畅快。赏读时，老师语重心长地因势利导，可能会使学生们心情顺畅、豁然开朗。通过作文，学生宣泄出不良的情绪，在无形中将纠纷与困扰解决，能够有效舒缓心理压力，产生如释重负的感觉。鼓励学生用书面语言来表达自己的真情实感，不仅能够写出感人肺腑的作文，还能够让学生接受心灵的洗礼。

在点评中，教师应当找出学生值得认可的闪光点，为学生实施正面的心理疏导；同时探明存在问题的原因，为学生对症下药实施心理疏导。在教学过程中，曾有学生家长反映孩子不够尊重自己，对于父母的意见不愿意接受，使他们感到失望和苦恼。对于这种情况，笔者为学生出了一道《我的一家》的作文题。完成写作后，我把学生写作中的闪光处归类并加上评语，再将其读给学生们听，如：“我的爸爸评价我在家不是好孩子，在学校不是好学生，但是他很爱我。”于是，老师告诉孩子：“虽然父亲很希望我们发奋图强，做个品学兼优的好学生，但是并没有因为儿子没有努力学习就冷嘲热讽，失去希望，这是多么宽广深厚的父爱啊！你们不会为此而感激吗？你们不会从中感受到坚实的人格魅力吗？”学生们听了这段话后都会被父母宽厚仁慈、望子成龙以及绵绵无尽的爱所感动，从而更加尊敬自己的父母，更加勤奋学习。

（二）学生心理问题的解决立足于作文的抒写

据世界卫生组织统计，全球每年自杀未遂者达一千万人以上。在中国，保守估计，1.5 亿青少年人群中受情绪和压力困扰的青少年就有三千万之多。对于小学阶段的学生来说，常见的心理问题主要有厌学、焦虑、孤僻、攻击性强、品行障碍等方面。这些心理问题的成因有的是家庭原因，由于父母没有尽到监护人的职责或者是家长的素质水平不足以教育孩子而形成的；有的是学校原因，在应试教育的高压政策下，频繁的考试使学生的学习压力很大。

1. 书信交流，及时沟通

在科学技术高度发达的今天，人们大都通过电话、信息、QQ、微信等进行交流。然而，书信这种传统的交流工具仍然有着不容忽视的作用。通过书信交流的形式进行心理辅导，操作简单，运用方便，非常适合那些比较胆小、怯懦的孩子。这种咨询方式可以在师生之间、生生之间，也可以在孩子与家长之间随时进行。只要用心沟通，就能及时拨开孩子心头的云雾。在有一年的家长会时，我让本班的所有孩子都给家长写一封信。其中一个小女孩表达了对妈妈的怨恨之情。孩子的家长也很苦恼，说女儿的逆反心理太重，没法讲道理。我与家长沟通后，建议她给孩子写信。后来，母亲给女儿写了一封信，讲明了为什么不同意家里养仓鼠的原因，因为她怕仓鼠身上有细菌，是担心孩子的健康。女儿又给妈妈写了封信，列举了大量养仓鼠的事例，说明只要注意卫生，仓鼠身上是不会有细菌的。后来，母亲终于同意了孩子的要求。通过书信交流，母女之间的隔阂消除了，孩子的心理问题也解决了。孩子为了说服母亲，查阅了大量的资料，写出很长的文章来表明自己的观点，这在无形中提高了自己的作文能力。

2. 书面表达，讲明原因

孩子之间的矛盾往往分不清谁对谁错，开始时大多是闹着玩的，有一方较真了，就会起冲突，甚至大打出手。一天早上，我刚走进校园，就接到班长打来的电话："老师，不好了，小乐和小翔打起来了。"我挂断电话赶紧往教室跑去。推开教室的门，只见他们两个还在教室的前面互相拉扯着对方的衣领。要在平时，

学生见到我来了，都会问候老师好，然后迅速回到座位上读书。这次情况不一样了，他们看了我一眼，仍然死死地抓住对方。看来，他们心里都憋着一肚子气。我把他们的手拉开，询问他们打架的原因。可是两人谁也不肯开口。我想，要是每人批评几句，各打五十大板，他们肯定都会心里不服气，说不定哪天又会爆发一场战争。于是，我让他们回到座位上，把事情的来龙去脉详细地写下来。说实话，这两名学生都是平时很怕写作文的，都四年级了，每次作文干巴巴的，两百字不到就结束了。可是这次，他们为了把事情说清楚，为了让老师判决自己有理，都写了很多很多。小翔写了两页半，小乐写了整整四页纸。我让他们互相看看对方的作文，他们很快都消除了误会，并认识到了自己的错误。最后，我又让他们重新写一遍作文，反思一下自己的行为。两位孩子都很乐意地完成了作文，其中一篇经过我的指导，还在校报上发表了。

三、心理疏导与作文教学结合的路向

雅斯贝尔斯曾经说过："教育的本真在于精神的唤醒。"教育属于老师和学生之间一个自由交往的过程，而老师在作文教学中应用心理疏导，能够有效地和学生交流情感，正是老师与学生之间、学生与学生之间的心灵互动和沟通。作为一名教师，我们应该认识到对学生实施心理健康教育的重要意义，需要用积极的心理正确地引导学生，为学生做健康的心理疏导，让学生具备明辨是非的能力。作为语文老师，我们不仅需要储备厚实的文化底蕴，还要掌握心理学和教育学的相关知识。在教学实践中，即时把握学生的生活状态，关注学生的心智成长，走进学生们内心的真实世界，用自己的真心、细心、诚心、爱心去唤回学生的真善美，引导学生穿越迷茫，在人生的道路上健康成长，让学生们的心理在作文教学中走向光明。我们更要把作文育人当成自己的职责，寓心理疏导于作文教学，为培养积极向上、健康活泼的学生而做出自己应用的贡献！

架起隔代教育与学校教育的金桥

教育就像一棵树苗，学校教育是枝干，家庭教育是树根。很多人只关注枝干的粗壮，不注意根部的营养。这样的树苗肯定是长不高的。在我国的家庭教育体系中，既有父母对孩子的教育，也有祖辈的隔代教育。因为“空巢家庭”数量的增多，隔代教育已经逐渐成为家庭教育的一种普遍现象，它已经在潜移默化地影响着下一代人的成长，甚至对整个社会产生了深刻而广泛的影响。作为一名新时代的教育工作者，我们应该如何应对这样的教育形势呢？

一、审时度势，把握隔代教育的利弊

祖辈们的隔代教育为父辈们节省了大量的时间，使他们可以全身心地投入到工作中去。祖辈对于孙辈的照顾也可以说无微不至。然而，正是这种保姆似的呵护影响了孩子的独立性、自理能力、责任感、自信心的形成。比如孩子盛饭怕被烫着，早上穿衣服怕被冻着，让孩子过着衣来伸手，饭来张口的生活。况且，对于大多数老年人来说，他们的身体素质比不上年轻人，大多是腿脚不灵便，走路不方便。因此，为了不让孩子有个闪失，就不让孩子参与户外活动。活动减少，容易造成孩子体质偏差的现象。

二、主动对接，探究组成隔代教育合力的路径

原来，教师在家访时大都是去某一个家庭了解学生的学习情况。现在，我

们可以依据学生的家庭住址分布，由学校领导带领班主任、任课教师等分批到小区和居委会与家长们集中座谈。这样既照顾到了隔代老人，又拉近了学校和家长的距离。同时，由于小区内的家长大都比较熟悉，交流起来无拘无束，能够说出一些真实的想法。在家访时，学校老师认真听取家长们反映的意见、建议和想法等。这样做，既可以有效地拓宽家校交流的渠道，又能够加强学校与隔代家长的联系，形成了家校教育的合力。

三、强化责任，夯实素质教育的根基

对于一所学校而言，教师是提高教育教学质量的关键。在新的教育形势下，要摒弃隔代教育方面的弊端，主要在于教师的努力。为此，学校必须要抓好教师的责任意识。大家知道，责任胜于能力，没有做不好的工作，只有不负责任的员工。教师的责任意识增强了，学校的教学质量就提高了。要夯实素质教育的根基，就要围绕“一切为了提高教学质量，一切为了学生的健康成长”这个目标,加强对教师的责任观的培训,通过教育让教师确立“主人翁”的责任意识、勇于承担责任的态度和高效落实责任的执行力。

四、围绕中心，化解隔代教育的弊端

在教育中，学校的老师应该围绕爱、辅、管、查四个字做好文章：爱，就是用爱凝聚学生的向心力，用爱赢得学生的信赖，用爱激发学生奋进。辅，就是强化心理辅导。小学生的心理发展正处于从幼稚迈向成熟，从依赖趋向独立的关键时期，他们的情绪是不稳定的。作为班主任，就应该用尊重、平等、商讨问题的方式与学生沟通，及时给予他们疏导、帮助、启迪和鼓舞。三是管，即实行细化管理。学校的管理关键在“细”字。我们从狠抓学习、卫生、纪律等制度的细化管理入手，根据他们在学习、个性、品德等方面的共性问题，把大整体划分为若干小整体，开展小集体的管理活动，提高了管理和教育的针对

性，增强实效性。四是查。教育是一个长期的过程，而且具有反复性。我们要在校内全面监督学生的行为规范，在校外则可以根据地域的分布设立校外监督员，并建立定期汇报制度。只有建立健全科学合理的检查制度，才能使教育的有效性得到保障。

社会的变革，使得隔代教育的利弊客观存在。我们只有以强烈的责任感，无限的爱心，高尚的师德，一流的师能，紧紧围绕学生健康成长这个中心，才能扬长避短，不断更新教育教学思路，全力架起隔代教育与学校教育的金桥。

课题研究

小学经典诗文积累与网络阅读优势互补的研究

一、问题的提出

中华民族有着五千多年悠久的文明发展史，在文明发展的过程中，形成了博大精深的文化体系。从我国最早的《诗经》到现在幼儿的儿歌乃至成人的流行歌曲，诗歌对文化的反映和传承是最系统和最全面的。中华经典诗文，蕴藏着丰富的“素质”内涵，是中华传统美德和传统文化的精髓，流淌着人类丰富的情感，凝结着一代代人最宝贵的生命体验，不仅是中国文化的瑰宝，也是中国传统美德的殿堂，具有超越时空的生命力。它能引导我们的学生追求高尚的道德情操，陶冶健康的审美情趣，丰富精神世界，有益于学生健康人格的形成和良好文明行为习惯的养成。

然而，现如今的孩子生活在如此高科技的信息时代，电视、网络等现代化媒体是他们了解社会、接受知识的重要途径；改革开放的今天，各国文化的冲击更是一浪高过一浪，而对于我们中华民族艺术宝库的瑰宝——古诗文却知之者甚少，或仅能吟诵几首，而人们对于诗中那优美的意境、所表达的思想感情和对古诗的喜爱、研究之情却谈不上。长此以往，我们祖先留下来的文化瑰宝岂不要烟消云散了？

在素质教育不断深入的今天，现代教育注重以人为本，以学生的发展为本。中华诗词依然具有弘扬民族精神，提升师生的文化品位和道德修养、拓展学生的思维空间等作用。新的《全日制语文课程标准》注重继承与弘扬中华民族的优秀传统文化，充分肯定了中华诗词在母语教学中的重要地位，对 1 至 6 年级

学生提出背诵古今优秀诗文160篇（段）的要求。《课程标准》还给小学1至6年级推荐了详细的古诗文（70篇）目录。其中，各学段还有具体的数与量的要求。可以看出编者还是十分注重古诗词的编排的。几乎每册都安排了四五首以上的古诗,有的是独立的几首诗,有的是“文包诗”,有的还在练习中安排了古诗。可是这些古诗有些孤立,并不怎么系统,学生对此也很难“系统”地积累与构建。根据以上种种情况特提出本课题的研究。

本课题主要解决的问题是：

1.“经典诗文积累”对于提升学生语文素养的意义是不言而喻的，但目前经典阅读却并未成为师生日常教学的习惯行为。个中原因，我们认为跟教师的语文传统教学观念有关外，还跟教师没有找到适当的操作方式有关。其中，经典阅读读什么，怎样读，这些都是操作上的难点。

2. 网络环境为指导经典诗文积累提供了机遇和挑战。网络环境突破了传统阅读的局限性，改变了传统的阅读模式。提供给人们一个以电脑技术、多媒体技术和通信技术为支撑，以个人为主的个别化阅读和交互中集体合作为主要学习方式的虚拟学习空间，与传统阅读模式相比较，网络具有传统阅读无法比拟的优势。因此，我们要整合教材文本资源、图书馆资源和网络资源，使之形成优势互补，从实践的层面上为提高学生的语文素养找到切实可行的操作路径。

二、课题的界定

阅读是使正在呈现的文字与图画成为有意义事物的一道程序。如果所写的或所印刷的文字没人看，那么这种存在只是一种没有意义的沉默的存在。引导学生从小学开始，阅读印刷品中的精华，需要做很多工作。互补就是互相补充。经典诗文指脍炙人口、并长久流传的诗歌和文章。比如《三字经》《弟子规》《祖国啊，我亲爱的祖国》等等。网络阅读是一种有别于传统纸张阅读的新型阅读方式，此种阅读方式的兴起、发展有赖于互联网的发展。网络阅读的优势是无纸张限制、无携带保存障碍、方便、节约资源。图书保存于网络，一点即可阅读，不用案头堆积如山，耗费巨大的资源。

三、课题的实施

一年的研究中，本人从文献研究开始，以现状调查为基础，首先进行了学生经典诗文积累与网络阅读情况的现状调查。在此基础上，我力所能及地在教育教学方面尝试进行经典诗文积累与网络阅读的渗透，并进行观察、验证、总结和反思。

现状调查与归因分析：

现在的孩子普遍不喜欢学习古诗文，最主要的原因就是古诗文有太多枯燥的背诵，加重了孩子的负担。在实际教学中，教师们确定的古诗文教学目标多集中于古汉语知识。为了应付考试，许多老师把古诗课上成了“字字落实，句句清楚”的讲解课，教师是“考什么就教什么，不考就不教”；学生是“考什么就学什么，不考就不学”。很多学生根本体会不到古诗文的韵味和语言文字的美丽，感受到的只是支离破碎的毫无情趣的字、词、句的翻译，要想改变这种教学现状，就得从改变古诗文教学内容和教学方法入手，从欣赏的角度把古诗文教得生活化、现代化、人文化，只有这样才能使古诗文教学趣味化，充满魅力，才能达到利用古诗文这一祖国经典文化来提高学生语文素养的目的。

对策研究：

（1）从教师入手，深入挖掘文本内涵，注重人文情感教育

我们教材选用的诗文篇章都是名篇佳作，这些佳作千百年来滋养着一代又一代读书人。古诗文教学不能停留在字词句的解释上，古诗文也要上出人文情感，让学生浸润在中国传统文化精华的滋养中，情感上产生共鸣。因此对于教师而言，自己首先要先进入角色，深入钻研教材，挖掘教材本身的人文内涵，才能很好地在课堂教学中将人文情感呈现出来。这实际上也是一个在教师的引导下，启发学生对课文内容进行探索、研究的学习过程，这个学习过程明显带有学科综合性的特点，可以有效地培养学生的人文精神。

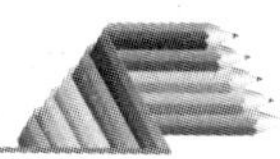

（2）加强学科联系，整合学科资源

古诗文的学习不是单调和孤立的，它不仅仅局限于在语文课堂上的学习实践，还应该注重古诗文与其他学科、活动的有机整合，全面培养学生的人文素养。比方说，我们可以在音乐课和美术课上，积极引导，在音乐课上让孩子们给经典古诗配上节奏，或朗诵或吟唱。在电脑课上查找出古诗的意境，从兴趣入手调动孩子的学习积极性。或者以班级为载体，开展各种形式的中队活动。启发孩子利用网络，广泛猎取资料。在自主研究中，学生的视野自然会逐渐开阔，古诗文的积累也就丰厚了。

（3）创新课堂教学模式，充分发挥学生的主动性

鉴于目前古诗文教学中的种种弊端，我们应该创新课堂教学模式，充分发挥学生们的主动性，由其被动接受变为主动学习。教师要注重教学方法和教学模式，尝试使用不同的教学方法。比如对于写景的古诗文，我们可以采用“情境感悟”法，充分利用网络中的音乐、图片等创设多种情境，引导学生想象体验，潜心感悟，动情朗读；也可采用“即兴创作”法，图文感染，创设意境，指导学生创作，从而深刻感受古诗文的精练之美、意境之美；对于叙事性古诗文的教学，我们可以采用“自读自悟”法或“推敲赏析”法，引导学生在自读自悟的基础上，让学生选择喜欢的方式（如诵、唱、画、编、演等方式）重现古诗；对于同一主题的古诗，我们可以采用“以点带面”“主题延伸”法，增加学生古诗的内在积累，提高学生古诗鉴赏水平。

因此，针对造成学生经典诗文积累与网络阅读的原因，我们可以从以下几方面着手，优化小学课堂教学的组织：

（一）创设情境，感悟诗意

中国古诗的语言高度凝炼，寥寥数语便描绘出一幅幅生动的画面，蕴含着无限的意境和情趣。我们只有让学生走进精美绝伦的文本，徜徉美轮美奂的意境，融入到作者的感情世界，接受美的熏陶，才能更好地发展他们的思维能力和语言能力。小语教材中选用的古诗，或写景，或抒情，或状物，或议论，都

是作者对人生态度与审美情感的真实写照。然而，作者的意境已停留在远古的时代，小学生很难体会作者那个年代的思想。所以，我们在教学中要通过各种方式，多方位地创设学习的情境，图文并茂地引导学生入“境”入“情”，走进文本。

在古诗教学中，由于条件的限制，往往不能实景实物地进行观赏。如果我们在教学古诗前，让学生利用网络平台去熟悉文本作者的概况及诗词的时代背景，就能够了解其时代背景，把握作者作诗时的特殊心情，从而把握古诗的意境。如在《示儿》教学中，由于八百多年前的南宋距离现在时空遥远，当时的金兵南侵，宋王朝的山河破碎的历史小学生们是毫无感知的。那一幕幕金戈铁马的喧嚣，南宋难民们无助的哀号，以及诗人陆游的爱国之情，如果仅靠我那几分钟的背景介绍，远远不能把学生们的时空概念引领回那遥远的历史。为了让学生的思维后移到宋朝，进入兵荒马乱的历史场景，我们把网络搬进了语文课堂。公元1210年，一个幽静的夜晚，天下着濛濛细雨。大诗人陆游所栖息的小茅屋里，还亮着摇曳不定的油灯，此时的大诗人陆游正躺在病榻上，生命垂危。在弥留之际，他给围在身边的孩子们，写下了“死去元知万事空，但悲不见九州同。王师北定中原日，家祭无忘告乃翁。”这篇千古绝笔诗，反映出作者把个人生死置之度外，念念不忘国家统一的博大情怀。一段来自网络的资源，诗人那垂暮的无奈、对祖国山河破碎的悲愤和对山河统一的强烈愿望。一段段音乐、一幅幅画面、一句句解说词，似重重波浪，不断地刺激着学生们的感官，在网络动画营造的感伤氛围中，大家不由自主地就走进了那个风雨飘摇的夜晚，与诗人一起感伤兵荒马乱，感伤国破家亡，感伤对祖国山河统一的强烈期盼。

（二）紧扣母语，品位语言

古诗运用的语言精粹而深邃，其语言艺术之美囊括了我们母语的精髓。古诗中的语言艺术美有挖掘的丰厚价值和潜力，它能提高学生欣赏和运用语言文字的能力。如，诗人把“碧玉”“丝绦”形象地比作碧绿的柳叶和狭长的柳条，作者比喻得十分精当，使语言产生了美感。在教学时，为了引导学生欣赏诗中

的语言艺术美，我向学生展示碧玉那精美的图片，出示柔长的绿丝带，让学生说说柳叶与碧玉、丝带与柳条之间有什么相同之处。学生通过讨论，深深感受到，春天的柳叶颜色鲜亮如碧玉般闪着光亮，碧玉是名贵的，而春天的柳叶是那样娇美，同碧玉一样珍贵，从而表达了作者的喜爱之情；同样，绿丝带是细柔的，长长的，那柔软的柳条不正如这丝带吗？作者的想象丰富细致，比喻恰当，学生由衷感叹，在欣赏的过程中，不仅领略到诗中所表达的意蕴和意境，而且还领悟到诗中语言文字的运用之妙。

（三）联系背景，培养情操

学生理解古诗的内容后，我再次出示与诗歌内容想吻合的录像，让学生感情阅读，古诗虽然短小精悍，但意境深远，音韵和谐，读来琅琅上口，回味无穷。再说，书读百遍，其义自见，在反复的阅读中，学生对诗的含义会有更深一步的理解和意会。而恰当地运用网络资源，则能有效地指导学生有感情的朗读古诗，并熟读成诵。如我在教完《望庐山瀑布》后，播放了一段庐山瀑布的录像，让学生亲眼目睹了庐山瀑布的雄伟气势，产生了身临其境的感受，然后再让学生听配乐的课文录音，跟着录音练读。这样，学生读起来既感情真挚，又抑扬顿挫。最后，我把学生的朗读录下来，再放给他们听，让他们跟课文录音比一比，自己评一评。学生找到了差距，练得更欢了。而学生对这首诗的气势和内涵也在一遍遍的阅读中得到了更深刻的领会。利用网络平台可以便捷地让学生在精彩纷呈的画面中感受意境美。而在传统语文教学中，由于学生的生活经验与文化素养以及我的讲授方法等因素，很难使学生进入文学作品的意境。而语文教材中丰富的人文内涵对人们精神领域的影响是深广的，学生对教材的感悟是多元的。因此运用网络丰富的资源，可以增强学生民族文化的底蕴。

（四）引导学习，促进发展

建构主义认为，学习不是被动地接受信息刺激，而是主动地建构意义，是根据自己的经验背景，对外部信息进行主动的选择、加工、处理，从而获得自己的意义。同时，语文课程标准明确要求在小学阶段要背诵积累古诗 75 首。因

此资源库的建立，并不应仅仅停留在我的单方面行为上，还应将其与古诗的综合性实践活动相结合，从而更有效地发挥学生的学习自主性。

古诗文资源库的组建，可分为动漫课件，诗人简介（时代背景），典故趣事，诗文导读，自测练习等项目。我们可组织学生以学习小组为单位，自主选择课题和项目，借助网络资源，通过图片、文字、音像等方式协作收录相关资料。同时鼓励学生对资料库进行积极的自我建构，可增加了诗文改写，诗歌传唱，闯关夺标等项目，来丰富资源库的内容，使学生在自主学习的过程中，依据自己的认知水平，对网络提供的资源进行选取、加工、整合，对古诗获得真正意义上的理解。

如学习《词两首》(《如梦令》《渔歌子》) 时，我以项目招标的形式，帮助学生分成以下四组合作学习：第一组负责搜寻并下载 Flash 动画，第二组完成诗文导读板块，第三组负责搜寻并整理作者的生平资料（李清照、张志和），第四组搜寻相关的典故趣事。之后进行的大组汇报交流的过程，既是整合学习成果的过程，也是组建古诗文资源库的过程。学生们可谓八仙过海各显神通：第一组在悠扬的乐声中展示 Flash 动画，配以第二组的诗文导读，便将师生自然带入到“斜风细雨不须归”的畅快，“惊起一滩鸥鹭”的惊喜中。第三组的“作者卡片”，将李清照一生坎坷的经历娓娓道来，使学生明白为何李清照前期词风与后期词风有如此巨大的差别——少女时期的无忧无虑、爽朗豪放到后期“冷冷清清，凄凄惨惨戚戚”的浓重伤情、无所寄托的失落。第四组将相关故事引进课堂，如苏轼将张志和的《渔歌子》嵌入了他的《浣溪沙》，“恨莫能歌者”，感受到苏东坡对张志和的推崇心意，极大地激发了学生学习古诗词的兴趣。

（五）互动阅读，提高素养

阅读记忆是一种通过反复阅读，以达到准确记忆的阅读方式，它能够很好地实现生理活动向心理活动的转化。江泽民同志说：“中国的古典诗词博大精深，有很多传世佳作。它们内涵深刻，意存高远，也包含着很多哲理。学一点古典诗文，有利于陶冶情操，加强修养，丰富思想。”基于这样的思考，我校引导学生在阅

读书本上的古诗文的同时，组织学生欣赏网络中的数字化、多媒体形式的古诗词，通过朗读、背诵记忆，让诗文的语感、节奏、韵律以及作者的情感意趣，浸润到学生的内心深处，使学生在不知不觉中提高对语言的感受能力。

形式多样的阅读活动，不仅提高了学生了解、运用古诗文的能力，更使我国传统美德深入同学们的内心，在他们心中焕发出璀璨的光芒。比如教师节之际，学生纷纷在贺卡上写上诗句表达对老师的感激之情："春蚕到死丝方尽，蜡炬成灰泪始干。""落叶不是无情物，化作春泥更护花。""采得百花成蜜后，为谁辛苦为谁甜？"平时的学习生活中，学生之间也经常以"少壮不努力，老大徒伤悲""业精于勤荒于嬉，行成于思毁于随""历览前贤国与家，成由勤俭败由奢"等名句来互相勉励……"如沐春风又一缕，腹中有诗气自华。"优秀古诗文，将成为学生们一生高远见识、优美人格的源头活水。

综上所述，网络环境下的古诗文教学，极大地激发学生学习的主动性与探究欲，使古诗教学成为一种高效、和谐的活动过程，最终达到优化古诗教学，提高课堂教学效率的目的。

四、研究的成果

1. 网络阅读，是对传统阅读形式的补充和拓展，对培养学生的综合素质具有积极意义。

（1）"网上读书活动"培养了学生阅读和处理信息的能力，引领着学生人人争做"视野开阔、个性独特、具终身学习观念"的现代人。

随着时代的发展、社会的进步，信息技术的兴起为教育改革迎来了新的发展契机，为促使读书活动持续深入开展，满足更多学生的读书渴望，我们认为，有必要营造适应信息技术发展的现代化的读书环境。为此，我们在已初步具备计算机操作技能的高年级学生群体中，尝试推广"网上读书活动"，旨在充分发挥网络技术的作用，大力推进个性化读书的实施，为当前的阅读方式提供更为丰富多样的补充和支持。

我们通过开发网上读书资源和开展丰富多彩的读书活动，既培养起了学生阅读信息、处理信息的能力，逐渐形成良好的信息素养，又营造起了催人奋进的读书氛围，拓宽了学生的文化视野和知识面。不少学生在网上读书活动中纷纷发出感言：

在网上，有许许多多的好书，种类繁多、内容丰富，我在这片知识的海洋里尽情地遨游，贪婪地吮吸着，不仅增长了许许多多的课外知识，还提高了我的写作水平。

网络，不仅仅是游戏天堂，更是读书的天地，知识的世界。网络让我的读书生活更精彩！

（2）“经典诗文网络阅读”陶冶了学生的情操，引领着学生人人争做“腹有诗书气自华”的好少年。

诵读记忆是一种通过反复诵读，以达到准确记忆的阅读方式，它能够很好地实现生理活动向心理活动的转化。江泽民同志说：“中国的古典诗词博大精深，有很多传世佳作。它们内涵深刻，意存高远，也包含着很多哲理。学一点古典诗文，有利于陶冶情操，加强修养，丰富思想。”基于这样的思考，我校引导学生在阅读书本上的古诗文的同时，组织学生欣赏网络中的数字化、多媒体形式的古诗词，通过朗读、背诵记忆，让诗文的语感、节奏、韵律以及作者的情感意趣，浸润到学生的内心深处，使学生在不知不觉中提高对语言的感受能力。

形式多样的诵读活动，不仅提高了学生了解、运用古诗文的能力，更使我国传统美德深入同学们的内心，在他们心中焕发出璀璨的光芒。比如教师节之际，学生纷纷在贺卡上写上诗句表达对老师的感激之情：“春蚕到死丝方尽，蜡炬成灰泪始干。”“落叶不是无情物，化作春泥更护花。”“采得百花成蜜后，为谁辛苦为谁甜？”平时的学习生活中，学生之间也经常以“少壮不努力，老大徒伤悲”“业精于勤荒于嬉，行成于思毁于随”“历览前贤国与家，成由勤俭败由奢”等名句来互相勉励。“如沐春风又一缕，腹中有诗气自华。”优秀古诗文，将成为我们实小的孩子们一生高远见识、优美人格的源头活水。

（3）“读书实践拓展活动”发展了学生的思想道德素质和社会实践能力，

引领着学生人人争做“会读书、会办事、会生活”的小能人。

曾在迪斯尼卡通片里看到过一粒神奇的种子，只要撒在土壤里，它就会飞快地一直长，长成参天大树，冲破云霄。故事就是这颗神奇的种子。信息海洋浩瀚无边，其间有着许许多多精彩纷呈、寓意深刻的好故事，我们透过网络窗口，将一个个故事变成一颗颗幸福的种子，去点缀孩子的心，开启孩子的梦。一个小故事就是一个大道理；一个好故事就是一个金道理。是故事，给孩子们以启迪，教会了他们如何分辨善恶美丑；是故事，给孩子们以灵气，激发他们浓厚的阅读兴趣。更难能可贵的是，我们实小的小朋友，带着他们看到的故事，带着他们自己创编的故事，走进社区、走向社会，用一个个小故事给社区带去了文明，带去了活力，也用故事实践着自己人生的第一步。

另外，学生的综合素质得到了很大的发展。在各级各类比赛中，我校特别是我辅导的学生频频取得不错的成绩。刘思雨在“周报杯”作文竞赛中荣获一等奖，朱家豪、王金阳等多名同学在《宿迁晚报》发表文章。

（四）此项研究的开展，丰富了本人的古诗文积累方面的知识，改善了本人的教育观点，提高了本人的教育水平。同时，本人的综合素质得到了锻炼与提升，科研能力得到了提高，取得了一些科研成果。如本人撰写的研究论文《浅谈网络环境下的古诗文教学》发表在《读写算教育教学研究》，论文《利用网络环境，优化诗文教学》在省科学教育论文评选中荣获三等奖，阅读论文《让“魔杖”带给孩子生花般妙笔》发表在《前卫・中小学教育》。

五、结论与反思

通过一年的实践研究，我对实验班的实验成果进行了总结。然后进行比较分析，研究已取得可喜的成效。

1. 激发了积极的学习动机

这样一种学习方式刺激了学生的表现欲望，提高了学生的学习兴趣。学生学习的真正的持续动力是内在的、自发的，而不是外在各方面的压力。所以在

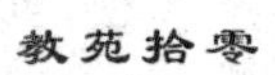

传统的学习环境中，固然有着许多有效的刺激学生学习的力量，如来自各方面的奖惩手段、社会环境的潜在影响等，但很难使学生产生真正的兴趣。而在网络学习环境中，学生的表现欲望被激发并得到满足，由学习内容所自然形成的评价标准使学生在深入学习后得到了更充分、更出色的表现。因此，网络学习环境时激发学生内在的学习动机，促进学生主动的学习有着重要的意义。

2. 促进了自主学习的思维活动

学生在交流中迸发了思维的火花，这种实时的交流方式使每个学生的思维始终处于活跃的状态。同时在这样的学习环境中，学生可以根据自己的情况决定自己的学习进程，充分思考问题的时间。平时我们在课堂上经常为了完成教学进度过于急迫地把答案塞给学生，学生缺少充分的时间去作深入的思考，同时也难以真正照顾到所有学生的学习进度。表面上课堂异常活跃，有问有答，但学生那种快速的反应只是表层现象，缺乏深度，长久以往，学生将失去真正的思考能力。

3. 增加了教材的容量

教材容量的增大增加了学生的读写量，使学生有足够的言语活动和感性的积累,这是语文学习的关键。同时,在语文学习中加入了信息选择和处理的内容，有效地提高了学生的信息素养。相对而言，网络上大量的信息以及同学们无拘无束、充满想象力、个性昭彰的语言也会成为孩子们更乐意接受的材料，在运用这些语言材料的过程中，孩子们的思维火花会不断地碰撞闪亮。

小学经典诗文积累与网络阅读优势互补的研究还存在很多思考，信息技术与语文课程的整合还有更多的问题需要讨论，如语文网络教学教材建设、语文教学网站的基本规范探讨、网络教学课基本模式的探讨、新的教育评价问题、课时安排、网络教学环境中师生关系问题等等，都需要进一步的研究。但网络阅读将给古诗文的积累带来新的发展契机，现在对教师来说，最重要的就是认真地去做。

构建小学“六要素”高效课堂教学模式的实践研究

前言

（一）问题研究的缘起

如何提高学校的教学质量？这是教育界历久弥新的课题。然而，不少学校、教师仍把提升教学质量寄托在拼时间、拼消耗、拼题海战术上。走进我们的课堂，就会发现，大多数还是采用教师教为主的教学方法。在这种课堂上，教师是主宰者，学生不敢越雷池半步。这样教学的结果必然是言者谆谆，闻者昏昏。教师在上面讲得酣畅淋漓，学生在下面听得昏昏欲睡。有的老师采用题海战术，依靠大量的练习来提学习成绩。诚然，这样的行为在短时间内也许能有一定的效果，但是却不可持续。因为课堂是提高教学质量的主阵地，不从根本上解决课堂教学的效率而空谈教学质量，则无异于纸上谈兵，缘木求鱼。因此，我们要从转变课堂教学方式入手，让我们的课堂教学更能体现学生身心发展的特点和认知的规律。只有让我们的教学行为符合人的认知规律和学生的身心特点，才能打造出高效课堂。

孔子曰：“不愤不启，不悱不发。举一隅不以三隅反，则不复也。”这句话告诉我们，不到学生想要弄明白却又无法弄明白而苦恼的时候，不要去启发、点拨他。如果不能抓住一点进行拓展与延伸，实现知识的上挂下联，触类旁通，就不要对他进行方法、规律、技巧的迁移。古希腊哲学家柏拉图则认为，作为一名教师，要善于启发和引导学生学习和思考相结合，让他们在苦思冥想后能够恍然大悟，豁然开朗。

这几句话说得都是同一个道理，那就是反对不顾学生感受的满堂灌。如果我们把学生的大脑当作一个容器，只知道一味地往里填充知识，最后的结果只能是什么也填不进去。所谓素质教育，就是教师用自身知识的魅力去激发学生心中求知的欲望。只有采取合适的教学方法，激发学生主动学习的欲望，尊重他们的意见，鼓励他们在课堂畅所欲言，为他们提供轻松、愉悦的学习环境，他们才能在潜移默化中掌握知识，获得成功的体验。为了改变学生在课堂上万马齐喑的现状，充分调动他们学习的主观能动性，使他们能够带着一个问题走向另一个问题，“六要素”教学模式应运而生。

（二）研究现状述评

小学语文“六要素”教学模式的关键环节是“合作探究，解决问题”，其主要目标在于培养学生提出、分析和解决问题的能力。从时间维度来看，在国外，自主学习兴起于上世纪 50 年代，深化于 90 年代。通过深入研究，国外研究人员发现，自主学习在培养学生自主学习的习惯和能力方面有着积极意义。与国外的研究相比，中国对“自主学习”的研究起步虽然较晚，但成果丰富，如华东师范大学庞维国的《自主学习——学与教的原理和策略》。

作为一种新的教学理论与策略体系，合作学习于 20 世纪 70 年代在美国兴起。到了 80 年代后期，很多国家的教育专家对合作学习逐渐开始关注。研究表明，合作学习因为在培养学生学习的自信心，激发学生的学习兴趣，改善课堂内的学习氛围等方面效果显著，被学术界誉为“最重要和最成功的教学改革”。国内对合作学习的研究始于 90 年代初期，杭州大学教育系率先开始合作学习小组的教学实验。90 年代中期，山东教育科学研究所开展了《合作教学研究与实验》。这些实验系统而全面地研究了合作学习的背景、理论基础、目的和意义等基本要素，形成了一个相对完整的合作学习理论框架，使合作学习在操作层面更具有推广性。就存在的问题而言，当前在自主合作学习领域，重复研究的现象比较严重，视角单一，研究的深度也有待加强。

（三）研究重点难点

1. 如何对学生进行科学、合理、有效地分组，探寻能够促进小组积极发展的小组评价机制。

2. 教师首先应转变思想，更新教学观念，实现角色转换。把一堂课是否按照四个步骤来组织教学，是否落实“先学后教，先学后导”的教学思想，是否采用小组合作的形式进教学等三个方面作为评价一节课优劣的主要标准。

（四）主要创新

在教学中，虽然有些老师也尝试在自己的课堂教学中使用小组合作学习的方法。但通常情况下，学生并不了解小组合作学习的方法与技能。在以前的合作学习过程中，往往是优等生一统天下，主宰着小组内的发言权，一般学生只是旁观者，甚至有随便聊天的不良情况，合作学习在课堂教学中并没有发挥激发学生学习兴趣，培养学生综合素质的功能。为了改善这种状况，我们提出“构建小学语文“六要素”高效课堂教学模式的研究”课题，旨在通过该对课题的研究，寻找适合在人数较多的班级如何进行合作学习的策略，探寻如何让学生感兴趣的且有探讨价值的问题，抓住合作学习的最佳时机，使小组合作学习在小学语文课堂教学中能够最大程度地发挥自身的优势，努力提高课堂教学效率，从而大面积地提高教学质量。

（五）主要研究方法

1. 文献研究法

收集并梳理国内外相关的研究成果，总结研究现状，发现研究中的空白地带，使自己的研究立足于现有研究成果之上，避免重复研究，努力开创新的研究方向。

2. 行动研究法

认真观察研究过程，根据研究中存在的问题制定解决问题的方案，并付诸实施。将发现问题和解决问题统一起来。在研究中发现问题，在解决问题中进

一步推进研究，做到理论指导实践实践验证理论的统一。

一、教学模式概说

“模式”一词在《现代汉语词典》中解释为某种事物的标准形式或使人可以照着做的标准样式。“教学模式是指在教学思想和教学理论指导下，建立起来的教学结构框架，是一种从教学整体出发，为达成教学目标而构建的教学活动程序。”

（一）教学模式的特点

教学模式的主要特点是指向明确，操作方便，结构稳定，使用灵活。不足之处是一成不变的流程，师生容易失去激情，不利于课堂教学的创新。

1. 指向明确

任何一种教学模式，都不可能是天马行空，任由驰骋创造出来，而是在教学理论及教学思想指导下，为了达成教学目标而建立起来的结构框架，每种教学模式都有自身的优点和不足，没有哪种放之四海皆准、适用所有情况的教学模式，也无法评价说哪一种教学模式最好，哪种教学模式最差。“评价一种教学模式好坏的标准之一，是在特定的课堂教学条件下，能否达成既定的教学目标。因此，教学模式的指向性非常明确，在选择不同的教学模式时要注意它们特点和性能。”

2. 操作方便

教学模式是为了达成教学目标，把某种教学理论中最核心的思想用固化的形式反映出来，转化一种具体的、可操作的教学行为。这种教学行为比抽象的理论要具体得多，它规定了教师在具体实践中如何去操作，尤其是对刚入职的年轻老师，或是刚调配到某一学科，对该学科教学还比较生疏的老师非常实用。“因为固化的教学模式便于教师理解、把握和运用，使得教师在课堂上有章可循，得心应手。”

3. 结构稳定

前面已经阐述，教学模式是为了达成教学目标，把某种教学理论中最核心的思想用固化的形式反映出来，转化一种具体的、可操作的教学行为。是经过实验者反复实验、修改、提炼出来的结构框架，这一框架规定了在一定的教学时间内，教师每一步应该怎么操作。对于初入职的教师来讲，就像应用公式去解决数理化题目一样方便。教师只要根据不同的教学目标，填充不同的教学内容即可，结构相对稳定。

4. 使用灵活

上面提到的结构稳定又是相对的。执教者拥有丰富的教学经验，熟练掌握这种教学模式，不是为模式而模式，而是灵活运用教学模式，达到从"进入模式"到"走出模式"的最高境界。此时，教学模式又具有灵活性。

（二）教学模式的演变

教师传授是古代教学的典型模式，其结构是"讲—听—读—记—练"。其主要特点就是教师向学生灌输知识，学生只能被动地接受。到了 17 世纪，随着自然科学内容和直观教学法的引入，班级授课制开始逐步实施，夸美纽斯指出，课堂教学中应该包含讲解、质疑、问答、练习等环节，并首次提出了以"感知—记忆—理解—判断"为程序结构的教学模式。"进入 19 世纪，人类的科学实验更加兴旺繁荣。赫尔巴特从统觉论出发，研究人的心理活动，认为学生在学习的过程中，只有当新经验与已经构成心理的统觉团中概念发生联系时，才能真正掌握知识。"从这一理论出发，他提出了"明了—联合—系统—方法"的四阶段教学模式。

上述教学模式都有一个共同点，那就是它们都片面强调灌输方式，忽视了学生学习的主观能动性，在不同程度上压抑了学生的个性，阻碍了学生的发展。"所以，随着资本主义大工业的发展，在 19 世纪 20 年代，强调个性发展的思想普遍深入与流行，以赫尔巴特为代表的传统的教学模式受到了挑战，杜威的实用主义的教育理论应运而生，并很快得到了社会的推崇，同时也把教学模式向

前推进了一步。”

“杜威的实用主义教学模式的主要特点是以儿童为中心，在做中学。”这一模式的基本程序是“创设情境—确定问题—占有资料—提出假设—检验假设”。这种教学模式强调学生的主体作用，打破了以往教学模式单一化的倾向，弥补了赫尔巴特教学模式的不足，强调活动教学，促进学生发现探索的技能，获得探究问题和解决问题的能力，开辟了现代教学模式的新路。

当然，实用主义教学模式也不是完美无缺。它把教学过程当成了科学研究过程等同起来，片面强调第一手经验的重要作用，排斥教师在教学过程中指导的重要作用，忽视知识系统性的学习，严重影响了教学质量。因此在 20 世纪 50 年代受到了社会的强烈批评。

改革开放四十多年来，随着国际教育交流的深入开展，国外诸多教学模式被陆续介绍到国内，对我国教学理论和教学实践产生了很大的影响。概括起来，主要有三种：一是美国当代著名心理学家、教育学家布卢姆创立的“掌握学习”教学模式，二是以人本主义心理学为理论基础的“非指导性”教学模式，三是以合作教学为思想和理论基础的苏联的“合作教育”教学模式。

在上述几大理论主导下，目前国内教学模式宏观上大体可以分为三大类，即：以教为主的教学模式，以学为主的教学模式，主导—主体教学模式。以教为主的教学模式，就是以教师活动为中心，以教师对知识的传授为主，它单纯要求学生识记教材而不要求学生去理解和思考，忽视了对学生自主能动性的培养，教学中以“注入式”“填鸭式”为主，属于记忆水平的教学。以学为主的教学模式，以学生活动为主，采取多种方法促进学生自主学习，师生间是双向反馈的关系，属于理解层次的教学。主导—主体教学模式，是目前正在倡导的主流教学模式，这种教学模式是在教师启发下，学生积极主动地思考问题、分析问题、解决问题，属于思考探究层次的教学。

人类社会进入 21 世纪，科学技术飞速发展，教育不断受到科技革命新的挑战。要想研究现代教育问题，就要不断学习新的理论和技术。“现代心理学和思维科学对人脑活动机制的揭示，发生认识论对个体认识过程的概括，认知心

理学对人脑接受和选择信息活动的研究，特别是系统论、控制论、信息加工理论等的产生，对教学实践产生了深刻的影响，也给教学模式提出了许多新的课题。”因此这一阶段在教育领域出现了许多新的教学思想和理论，与此同时也产生了许多新的教学模式。

二、“六要素”教学模式的构建

每种教学模式都有自身的优点和缺点，任何一种教学模式都不会适合于所有的学校。因此，构建一种新教学模式必须要了解学校及学生的实际情况。只有根据教学的实际状况构建的教学模式才能打造出高效的课堂。

（一）提出的背景

我校是一所有着百年历史的老校，始建于1904年，1998年被确认为“江苏省实验小学”。作为一所省级实验小学，应该加强教育的实验性，注重教学经验的总结与理论的提升，在教育理念、校本教研、课堂教改、评价制度等方面发挥引领作用，从而带动更多学校的老师成为课程改革的骨干力量。而考量课堂优劣的实质问题就在于是否以生为本，是否站在学生认知的角度思考问题，是否基于学生的学，是否以学生学会、会学为根本指向。这也是课堂教学中亟待解决的问题。

由于在传统的课堂教学中，教师一统天下，学生没有发言权。在这种情况下，教学质量低下在所难免。因此，我们必须要调整好教与学的关系，坚决打破教师一统天下的格局，面向每一个学生，为每一个学生的健康成长服务。“教学要从大局出发，着眼于学生的长远发展，培养他们良好的学习习惯和学习能力，使学生能够很好地适应未来的社会。”

在异彩纷呈的教学新现象中，仍然存在一些不合时宜的教育状况，如重视情感态度价值观的培养，轻知识与技能的传授；重教师的教，轻学生的学；在教学过程重合作探究，轻独立思考。从而在一些课程上造成了本末倒置，缘木

求鱼。

因此，对课程进行改革是大势所趋，毋庸置疑的。我们要努力改变教师的教学思想和教学行为，改变学生的学习习惯和生存状态，改变学校的发展模式，改变传统教育科研的范式。我们希望教师能够立即转变教学观念，改变旧的教学方式，倡导新的教学方式。自从学习了《语文课程标准》后，学校的语文教师能够自觉地改进教学方法，力求在课堂教学中体现新的教学理念。这就可以看出，大多数老师还是追求进步的。

“课堂是实施素质教育的主要阵地，课堂教学是推行课程改革的主要渠道。因此，打造优质高效的课堂教学是一个历久弥新的课题。”为了进一步实施素质教育，切实减轻小学生过重的课业负担，同时不断提高我们的教学质量，我们只有向课堂 40 分钟要质量，逐渐形成优质轻负的高效课堂。打造高效课堂是课程改革的需要，也是实施素质教育的必然选择。作为一个教育工作者，纵观我们目前的课堂教学，我感到非常痛心，也非常揪心。因为一个突出的问题呈现在眼前：我们的老师教得辛苦，学生学得更加辛苦。孩子们并没有像家长、老师期待的那样得到应有的全面发展。大量的各类作业挤占了学生的课余时间，学生无法放松身心去娱乐、去玩耍、去阅读课外书，一个个成了“驼背先生”“眼镜婆婆”。很多孩子就像机器一样，被动去学习，甚至对学习产生逆反、抵触心理。面对这种情况，教师也黔驴技穷，工作时倦怠情绪严重。以笔者所在的县区为例，每年还要对小学毕业生进行全县的统考，然后按照“两分一率”进行排名，既违背了教育规律，又极大增加了师生的压力，怎一个“苦”字了得！而解决这一问题的策略是——不能改变上面的“政策”就只能改变我们自己。想方设法构建一个高效课堂教学模式，在有限的时间内使教学效率最优化，能够在课内完成的教学任务决不拖到课外，以解放师生的课外的时间，参加一些有益身心的活动。

我校是一所县直属的公办小学，由于城区的大规模扩建，众多的农村务工人员子弟涌进学校，这些学生的家长文化层次普遍较低，指望家长进行辅导那是遥不可及的梦想，许多学生只能通过课内学习来获得知识、获取信息。在这

种背景下，要想提高学生的学习成绩，就要改变教师教的行为和学生学的方式。“因此，积极主动地研究课堂教学、构建新课改背景下高效课堂教学模式，探究课堂教学的高效策略和科学方法，完善教学常规基本要求，大力优化教学全过程，让课堂教学的每一分钟都发挥最大效益，使每一位学生都在原有基础上得到充分和谐地发展，是学校教育自身积极应对形势、谋求发展的需要。”为此，提出了“构建小学语文“六要素”教学模式”的课题，利用这一突破口，积极探索科学高效、质朴实用的课堂教学流程，切实提高课堂教学效益，提高教育教学质量，真正把我们的师生从教与学的痛苦中解放出来，让我们的学校成为教师的家园，孩子们的乐园。同时，也为学校的教育教学管理树立一块独特的品牌。

（二）“六要素”教学模式的理论依据

构建小学语文“六要素”高效课堂教学模式需要在以下几个教学理论的指导下开展教学活动。

1. 语文课程标准

《义务教育语文课程标准》（2011 版）“积极倡导自主、合作、探究的学习方式”。我们提出的小学语文“六要素”教学模式就是改变师生之间的教学方式，努力培养学生自主、合作、探究的学习习惯。预习时，学生进行自主学习，课堂小组讨论时，学生在小组内进行合作学习，这里就有学生与学生之间的交流，也有学生与老师之间的讨论。为了提高合作学习的质量，课堂伊始，教师要首先检查学生的预习情况，了解他们或她们在预习时遇到的疑难问题，然后再根据问题展开小组讨论，再者是全班交流，最后师生共同总结出问题的答案。

2. 互动性学习理论

“从形式上看，互动学习有三种基本形式：生生互动、师生互动和师师互动。研究表明，在合作学习中，小组与个人具有积极地相互依存的关系，存在所谓一荣俱荣一损俱损的效应，只有小组整体获得了成功，每个小组成员才算成功。”因此，这种互动是一种积极的相互依赖的活动。

3. 主体性教育理论

主体教育理论认为，人最本质的特征是主体性，而主体性是一个不断发展变化的过程。在人生发展的不同阶段，人的主体性是不同的，有的时候强一些，有的时候弱一些。“把每一个受教育者培养成为一个有主体性的社会人，这是教育的主要目的。”主体教育理论既要尊重人的主体性——这是实施主体教育理论的基本策略，又要在此基础上弘扬和发展人的主体性，使学生成为全面的个体，成为未来社会生活的主体——这是主体教育理论的基本立场。

4. 建构主义学习理论

“建构主义学习理论认为，在学习过程中，老师不能把学生当作知识的被动接受者，学生的心灵也不是一个可以灌装的容器——教师只需将知识灌进去就行了。”相反，学生是一个积极的建构者，学生会根据自己的经验和已有的知识体系来理解教师讲授的内容，并根据自己的理解将相关内容整合进自己已有的知识体系，或建构起新的知识体系。所以，教师不能只是一味地向学生灌输知识，而应当成为学生学习知识的帮助者和引导者。教师与学生之间的对话应该是平等的,师生之间应该进行协作学习。教师要树立只有差异没有差生的观念，努力开发学生的差异资源，改善课堂教学评价体系，使学生能够在最近发展区内实现个性的发展和对知识的主动意义建构。

5. 合作学习理论

“合作学习理论认为，每个学生都有不同的兴趣爱好，发展水平也是有高有低的，他们对于同一件事情的理解和认识都存在着不同程度的差异。”而这种差异有利于学生间进行互帮互助，取长补短。合作学习的优越性主要体现在能够促进学生共同发展，能在学习的时候互相帮助。在合作学习中，因为成员地位彼此平等，学习氛围宽松，故学生比较敢于表达自己的意见，害怕犯错的心理压力就大为减少。同时，学生要证明自己观点的正确必须说服其他组员，而要达此目的，深入钻研相关知识就成了必要条件。学生还将通过别人的观点来纠正自己的错误，这种认知的重建，也促进了深邃的思考。

（三）“六要素”教学模式的构成要素

我们把“六要素”教学模式课堂的基本模式构建为检查预习，质疑导学——合作探究，解决问题——举一反三，拓展延伸——检测评价，当堂达标。

三、“六要素”教学模式的实践

在课堂教学中，教师按照教学模式的四个步骤进行实践，得出一些成功的经验。

（一）检查预（复）习，质疑导学

这个环节大约需要5分钟，具体操作方法是，老师在教学新课的前一天晚上，把预习作业布置给学生。所谓预习，就是学生在教师讲解之前先自主而独立地阅读课文，使自己对课文有初步地理解，为更好地理解教师的讲解做好准备。因为每个学生的学习基础和知识经验不一样，课前的预习活动有利于学生发现自己独特的认识障碍点、疑难点，以便点燃思维的火花，激发探求知识的欲望，使学生在新课的教学中变被动学习为主动探索。

1. 预习内容的制定原则

遵照《语文课程标准》的要求，布置符合小学生心理特点的预习任务，使学生由浅入深地逐步进行预习工作。教学目标是教学的依据和最终的方向，适当的教学目标规定了科学的可操控的学习内容。因此，预习的内容不能游离于语文课程标准中的学段目标之外，预习的内容应该根据目标来制定。

【案例：二年级上册《秋游》预习设计】

读课文，要求正确、流利，做到不添字、不漏字、不回读，并能适当停顿。

1. 同学们 / 跟老师 / 去郊外游玩。

2. “同学们 / 有的 / 在草地上打滚儿，有的 / 忙着逮蚂蚱，有的 / 向着蓝天 / 亮开了嗓子。”（选自课本）

因为低年级的年段目标中把课文读流利通顺是重点，因此课前预习读课文非常

重要。

中年级的预习目标是："会运用音序检字法和部首查字法查字典、词典，初步学会默读和略读，粗知课文大意。"我们在设计中年级预习作业时，要加入默读的内容，也可以让学生尝试概括课文大概意思，以及用批注的方法写下阅读的感受等等。

【案例：三年级下《荷花》预习作业】

读准以下词语，并借助字典、词典理解词语。

莲蓬：

翩翩起舞：

挨挨挤挤：

《语文课程标准》中高年级的阶段目标为："书写要有一定的速度，默读有一定的速度，搜集信息，辨别词语的表达色彩，了解文章的表达顺序，提出自己的看法。了解课文的主要内容，简单描述给自己留下深刻印象的场景、人物，说出自己喜爱的、憎恶的、崇敬的、向往的感受。"因此，我们在设计预习的作业时，也要紧紧围绕这些目标来设计。

【案例：五年级上《秦兵马俑》】

一、课文用了哪些说明方法来介绍兵马俑？在感受深刻的地方写下批注。

二、你还知道关于秦兵马俑的其他信息吗？世界八大奇迹是哪八大奇迹？

这个预习单的设计紧紧扣住高段学习的目标，让学生知道概括课文内容，并了解文章的表达顺序，设计精当。

2. 预习作业的设计模式

《语文课程标准》指出："语文的学习注重学生听、说、读、写能力的培养。"实际上，就是培养学生读书、写字，口语和作文的能力。根据学生年龄阶段的不同，预习的要求也各不同。

"低年级预习的形式：在日常的教学工作中，我们要以课程标准的精神为依据，根据小学低年级学生的实际情况，围绕低年级段的教学目标，要求学生识字写字，读通课文。"我们摸索出一种简单实用的"四步预习法"，用口诀的

形式来表述就是：一标小节号，二圈生字宝，三划好词语，四打小问号。

如在二年级上册指导学生预习《秋游》一课时，按照以上四个步骤预习，就可以设计以下的预习单：

第一课时：

一、读第一遍课文，圈出下面这些容易读错的字词，借助拼音多读几遍，做到读准字音，读通句子。

棉花　稻子　绵羊　高粱　打滚儿　逮住　嗓子

老师　凉　郊外　远望　追逐　白兔　农田

二、第三遍读课文，标上小节号。

三、完成课后第二题，按笔画描红。

四、预习的过程中，发现了什么不懂的问题吗？写下来。

第二课时：

一、有感情地朗读课文。

二、把本课的生字工工整整地写在下面的田字格里。（二年级下学期以后可放在第一课时预习中）

三、完成课后第四题：仿照下面的例句，用"有的……有的……"说句话。

例句："同学们有的在草地上打滚儿，有的忙着逮蚂蚱，有的向着蓝天亮开了嗓子。"

四、搜集几个关于秋天的成语或诗句。

五、预习的过程中，发现了什么不懂的问题吗？写下来。

中高年级预习的形式：学生进入中年级以后，可以提出这样的预习要求。"一查"、"二读""三思"、"四疑""五做"。查，即是查字典词典，认字释词，扫清字词障碍。读，是朗读课文。读通读顺课文，弄清文章写的什么，是怎么写的，结构层次怎样，并划分段落，概括段意。思，是思考文中给你留下深刻印象的地方在哪？思考课后习题，看看哪些习题通过阅读基本弄清楚了，哪些习题还弄得不太清楚。比如在重点语句下画小圆圈，有疑问的地方画横线等，在读书时做一些圈点画注是很必要的。生字、词语要读准、查找意思，辨别词语的表达色彩，甚至要会运用，在具体的语境中用什么。课文呢，要求会概括段落大意，了解文章的表达顺序，知道与本课想关联的资料，思考句子带给自己的深刻感受并提出自己的看法，最后提出自己的疑问。

【案例：五年级上《秦兵马俑》】

第一课时：

一、初读课文，读准字音、读通句子，遇到不认识的生字看一看课后的生字表或借助工具书解决。在文中标出容易读错的字词，然后多读几遍。

二、在课文中标出你认为重要的词语，借助工具书或联系上下文弄明白它们在文中的意思。

三、再读课文，读准读顺课文，不添字不漏字，不错字不重复，适当停顿。下列的句子比较难读，多读几遍，注意停顿。

骑兵俑上身／着短甲，下身／着紧衣裤，足蹬／长筒马靴，右手／执缰绳，左手／持弓箭，随时准备／上马冲杀。

四、把课后的描红认认真真地描写一遍，然后从文中找出含有生字的词语写在旁边。

五、搜集关于兵马俑的资料。预习了课文，你能提出哪些值得研究的问题？

第二课时：

一、有感情地朗读课文。

二、默读课文，想想课文从那几方面来介绍秦兵马俑？第三自然段在文中起到了什么样的作用？

三、课文用了哪些说明方法来介绍兵马俑？在感受深刻的地方写下批注。

四、你还知道关于秦兵马俑的其他信息吗？世界八大奇迹是哪八大奇迹？

五、通过预习，把自己不明白的问题写下来。

3. 预习中的几个误区

在我们刚刚开始布置学生预习时，要注意预习作业设计的科学性，布置合理有效的预习作业，要防止走入以下误区：

一是预习时间不够充分。每次布置预习作业的时候，我们给学生的时间要

充足，不要因为是口头作业或预习作业，就不重视，依然布置很多写生字啊，写练习册啊，这样每天晚上，孩子回家作业做过了，也没有时间预习了，就干脆省略不做了，因此预习就起不到效果。因此布置预习新课的作业，一定要给学生充足的时间。

二是预习内容过粗或过细。如果学生在预习时，只是走马观花地看一看，就达不到预习的效果。如果预习的内容过细，学生在课堂上对老师所讲的内容就会没有多大兴趣，因为都预习过了。

4. 预习效果的保障

所有教师都有这样的体会，口头布置的作业，教师如果不及时落实检查，多数学生是不会自己完成此项作业的，作业布置了等于没有布置。虽然我们在教学中布置了预习作业，但是没有检查和评价，预习就等于形同虚设，没有任何作用。因此，预习的效果怎么样，需要教师去检查督促，重视对学生预习效果的评价。

对于口头布置的预习作业。首先要靠家长监督完成，认真检查后并签字，写清学生作业的完成状况，预习是否自觉主动。薛瑞萍老师认为，家庭教育有利于对学生进行一对一地辅导。我们要充分调动家长参与教育的积极性和主动性。其次是课堂中抽查，对主动学习的学生要大力表扬，让他们养成“我要学”的好习惯，对于不认真完成的学生要提出批评。

对于书面作业，像预习单，我们可以收上来改一下，也可以在小组内自查，由组长检查或组内对子之间互查，再汇报给组长。为了防止徇私舞弊，还可以小组之间互查。

当然，我们还可以利用其他辅助手段，保证预习的实施。班级要制定好奖惩细则，各组进行竞赛。比如用分数、小奖状等激励学生认真做好预习作业。

对于在预习时解决不了的问题，就留待课堂中解决。

5. 质疑导学

古人云：“学源于思，而思源于疑。”一切学习活动都是从发现问题开始，发现问题是创新性学习的向导。接受学习的问题一般是由教师自问自答，或者

师问生答，学生回答教师提出的问题，一般侧重在“理解”和“掌握”层面，或者说是对教师教学效果的直接反馈，其特点是重教学生学知识，而轻教学生问问题。所谓创新性学习，就是学生在教师的引导下去发现问题，分析问题，最终解决问题。在整个教学过程中，教师扮演的角色是活动的组织者、指导者、参与者和合作者。

著名特级教师陈文胜说：“提问是一种很有艺术的行为，首先需要教师对学生进行区分，要根据不同类型的学生，做出相应的回应。对于那些提不出问题的同学，不嘲笑、讽刺，要耐心引导；对于提出问题的同学，应鼓励其进一步探索，大胆创新。”因此，课的开始，我们应该引导学生质疑。如果在课堂上“学什么”能由学生决定，一定能激发学生的学习热情，为实现高效课堂打下良好的基础。

这一环节的操作步骤是：

学生先把课前自主预习时遇到的问题提出来，在小组内讨论。如果大家经过讨论都不会中，再把问题提出来在全班进行讨论。教师梳理各小组提出的问题。去掉重复的问题和没有思考价值的问题，保留共性问题和重、难点问题，组织全体同学研读课文、讨论问题。

案例：苏教版二年级教材《真想变成大大的荷叶》检查预习、质疑导学环节：

1. 读词语：雨滴　小河　星星　新月　荷塘　荷叶

2. 读词组：透明的雨滴　清凌凌的小河　眨眼的星星

弯弯的新月小小的荷塘大大的荷叶

3. 读课文。师生合作读完全文。

4. 质疑。交流梳理问题：说一说为什么我想变成雨滴、小鱼、蝴蝶等，最后，我为什么最想变成大大的荷叶？

著名特级教师王崧舟曾执教过《只有一个地球》这篇课文，上课伊始，他引导学生质疑，学生一连提出了六个问题。他说：“一共提了六个问题，王老师很高兴，为什么呢？因为这六个问题都是你们自己发现的，而且每个问题都提得很有思考价值。这些问题，你们通过自己的阅读思考，通过发现前后之间的

联系，一定能够自己解决。”

从这个案例我们可以看出，老师真正做到了关注学生的自主提问，并依据学生的提问来组织教学。对于小学生而言，他们的自主质疑，是不能把文本的知识重点完全呈现出来的。他们关注的重点往往是自身认知水平和文本新知之间的矛盾。这就使得大多数教师觉得这个环节难以把握。主要困难在于要给学生充分的思考空间和时间，要引导学生自主提质疑，课堂上的预设和生成就无法和谐统一，有些提问会让老师措手不及，教学目标也常常不能及时完成，影响教学的进度。这也就容易导致自主质疑流于形式：象征性地提几个问题，然后按部就班进行自己预先设定好的教学环节。

在教学中，要应该引导学生进行探讨，自己推论，对他们讲的应该少一些，而引导和让他们说出自己的发现尽量多一些。要想真正做到让学生自主质疑，需要教师转变观念，把对知识的关注，转变到对学生成长的关注。教师要把握教材的重难点和教学进度，对学生提出的问题予以点拨、引导，提炼出有价值的问题让学生小组讨论。教师在备教材的同时，更要备学生，从学生的角度去思考可能会有哪些不懂的问题，以便于在学生质疑时能够把文本的知识点巧妙地整合或者补充进去。

（二）合作探究，解决问题

这是“六要素”教学模式中的关键性环节，只有把这个环节落到实处，“六要素”四步教学法才能发挥出最佳的作用。要想落实好这个环节，我们就要对自主、合作、探究学习有一个正确的认识。新课程标准强调，教师要注重培养学生的独立性和自主性，引导学生质疑、调查、探究，在实践中学习，促进学生在教师的指导下主动的富有个性的学习。课程标准还明确指出：“引导学生调整学习方式，提高他们自主学习和合作学习的能力，使他们具有终身学习的能力。”《基础教育课程改革纲要》强调“自主学习就是为学生获得终生学习能力和发展能力打下基础的。”它把学生作为学习知识的主人，培养学生自学习的习惯，在学习中自觉运用所掌握的能力积极进行对新知识的探索。

本环节的教学流程是："提出问题—小组探究—全班交流—双基训练"。

因为这个环节是小学语文"六要素"教学模式的主体部分，所以教师要在上课伊始就要让学生明白自己的学习任务。在学习的过程中，组长分配给学生不同的学习任务，每个学生根据自己承担的学习任务进行思考，最终形成小组学习成果。这样一来，小组合作学习就避免了盲目性，增强了现实性，最终的效果是"人人有事做事，事有人做"的目标。当前在此过程中，为保证小组讨论的时效性，教师必须把握好合作学习的时间。

学生围绕着学习任务，先是自主学习，然后在小组内合作探究，最后全班交流展示。这里的"合作探究学习"也要细化到两个层面：一是对子间合作。一般来说，我们把一个小组的六位同学按能力水平的高低编为 1 至 6 号，把 1 号和 6 号、2 号和 5 号、3 号和 4 号结为对子（学习伙伴），对子之间合作交流的时候，让 4、5、6 号同学先说，1、2、3 号学生听着。如果有说错的地方，对子可以纠正；说不到位的地方，对子予以补充。这里为什么要求 4、5、6 号同学先说呢，因为如果让优生先说，别的学生就不知道该说什么了，就会出现待优生不动脑筋，吃现成的现象。在组内合作交流时，我们要求"待优生回答，中等生补充，优等生评价"，尽量让每个学生都有表达的机会。这样做的好处是让每个学生在合作学习中都有机会表达自己的观点，并学会如何倾听别人的意见，提高明辨是非的能力，增强客观评价事物的能力。讨论之前要让学生充分地自主学习，然后再进行讨论交流。

1. 小组的建立及交流方式

我们都知道小组的划分可以采取组内异质、组间同质的方法来划分，不能随便把坐在一起的几个人就划分为一组。但是如何把握好"质"，却需要动一番脑筋的。有的学生虽然学习成绩很好，但是不善于表达，组织能力也不强，这样的学生就不适合做组长。同时，在排座位的时候，还要兼顾学生个子高矮等。我的划分方法是：假如本班有 36 名学生，我根据他们的成绩排名情况（排名次对学生及家长是不公开的）把学生排成六队，第一名到第六名站一队，第七名到第十二名站一队，以此类推。每队再按个子高矮排序，个子矮的坐前面的小组，

高的坐后面的小组。最后再根据学生的交际能力、语言表达能力、组织协调能力等进行适当的微调。这样可以很好的达到组内异质、组间同质的要求，这样的分组也便于他们在组间公平地竞争。在学生进行充分地自主学习后，有疑惑的地方需要解决，可以先是对子之间讨论；如果对子之间都搞不懂这个问题，就放在小组内进行讨论解决。

小组讨论交流的主要形式有：

中心发言式：发言的时候，一个成员作全方位的讲解，别的同学根据自己的观点作一些补充。这种方式的优点是有利于形成统一的看法，缺点是容易形成优生包干，中下等生没事干的现象。

自由发言式：学生在小组畅所欲言，大家就像聊天似的，你一言我一语地各抒己见。

轮流发言式：围绕着中心问题，大家一个接着一个地发言，每个人都有表达的机会。

自助帮忙式：当班级的人数较多，教师无法一个一个予以指导的时候，可以在小组内让学会的同学帮助没有学会的同学解决问题。

2. 小组合作学习的基本要求

倾听发言。小组内某一成员发言时，其他组员要认真倾听，眼睛要看着对方，力争听懂发言人的意思，要边听边思考，最好能记下他人发言的要点。最基本的礼貌要求是，某一组员发言时，不要随意打断他或她的发言，如有不同意见，等对方把话说完再提出来。

讨论问题。讨论的时候要围绕着问题，不要闲谈跟问题无关的话题；提出的观点要有一定的依据，语言表达尽量清楚明白。

互帮互助。如果组内同学有不理解的地方，要耐心地讲给同学听，不能嘲笑、打击别人。

反思与质疑：听到小组内与自己不同的意见，要虚心地听取。如果发现自己错了，要及时改正自己的错误；也可以吸收同学的不同意见，以便完善自己的观点；同时，也要肯定与自己不同甚至相反的正确观点。

自律自控。讨论问题时要少数服从多数，不同的想法应该留到课后跟老师和同学交流。发言时要有序进行，不能抢着回答，也不能拒不参与。讨论的声音要适中，小组讨论的声音要尽量小些，小组内成员能听清就可以了，在全班交流时声音要响亮，要让全班同学都听清楚。

3. 小组合作学习中教师的角色

小组划分好了，是不是就可以进行合作学习了呢？答案是否定的。因为此时的合作学习，组长及成员都不知道自己要干些什么，在小组内承担什么样的角色。所以，小组划分好了，还需教师对小组进行指导，指导他们为自己的小组制定合理的管理制度，对每个人进行合理的分工，明确每个成员的职责，使他们形成共同的目标。为了增强小组内的凝聚力，可以让每个小组为自己的小组起一个名字（比如“梦想组”等）。合作的方式和习惯需要长期培养。教师要指导学生能够先认真地听取组内成员的意见，然后再发表个人的见解。

在小组讨论的时候，教师应当参与到小组中，倾听小组成员的发言，观察和了解每个小组的活动情况。这样做教师可以知道并调控每个小组讨论所需要的时间，从而使得学生讨论的时间充分而合理；同时，因为教师的在场，学生们在既定的时间内没有说闲话和打闹的时间和空间，从而提高了学习效率，保证合作学习的顺利开展。在小组交流过程中，如果发现学生正确的富有创意的想法，要积极给予肯定，并鼓励这组学生在汇报时提出来，以便让全班学生共同分享。

4. 小组讨论的问题要有价值

有些教师为了在课堂上能体现小组合作学习，随便遇到一个问题，就对同学们说：大家讨论一下。这样做肯定是不对的。小组合作学习也有它的条件，并不是语文课堂上的所有问题都适合小组合作学习。在组织教学过程中，小组讨论的问题要有一定的思维深度，要让学生在经过思考之后能够得出问题的答案，从而体会到成功的喜悦。如果讨论的问题过于简单，学生很快得出结论，就会随便讲话，影响课堂纪律。比如指导学生写字。“滔”右下部首要写得匀称，“慕”最后两笔是水平两点，不能写成垂直两点。这个问题需要学生合作学习吗？

显然是不需要的。如果问题过于复杂，单靠学生已有的知识水平和生活经验不能解决，学生怎么思考，怎么讨论也无法解决，就会畏惧学习。对于这样的问题，也不能直接让学生合作学习，需要教师及时启发，点拨引导，然后再让学生们一起讨论交流。

案例：一年级《蚂蚁和蝈蝈》合作探究，解决问题。

1. 读第 1 自然段，用着重号标出表示季节和天气的词，说说蚂蚁们在干什么，从哪个词可以看出它们很辛苦。你们打算怎样读出你们的理解？

2. 读第 2 自然段，蚂蚁们的辛苦劳动，被谁看见了，它们是怎么做的，哪个词能表现它们的心情？你们打算怎么读出自己的理解？

3. 读第 3 自然段，用着重号标出表示季节和天气的词，说说哪个词最能表现此刻蚂蚁和蝈蝈的生活状况，从中你读懂了什么？你们打算如何读出你们的理解？

4. 读了这篇课文，你想对蚂蚁和蝈蝈说什么？

满满的一屏幕问题，估计老师还没有把问题读完，学生已经把前面的问题忘记了。在 1、2、3 的问题结尾，都有这样一个问题：你们打算怎么读出你们的理解？对于一年级孩子来说，这是一个很难回答的问题。试问，如果你是学生，你打算怎样读出你的理解？其实并不是每一个知识点都要呈现在合作探究的问题里，朗读指导也是在理解课文的基础上进行。那些细枝末节的小知识点可以通过点拨、追问来解决。仍然以《蚂蚁和蝈蝈》为例，如果把以上问题整合一下，分两次合作学习，在交流汇报时进行必要的点拨和追问，就会更加清楚明了、容易操作了。

案例:《蚂蚁和蝈蝈》修改后

合作探究（一）

读一二自然段，蚂蚁和蝈蝈分别在干什么，跟对子说一说。

交流汇报：

预设：

第 1 自然段

出示:“一群蚂蚁在搬粮食。他们有的背，有的拉，个个满头大汗。”

生读句子后回答：我知道了蚂蚁在搬粮食。

追问1：蚂蚁们在怎样搬粮食？相机引导理解，背、拉、满头大汗

追问2：他们还会怎样搬粮食？

句式训练：一群蚂蚁在搬粮食。他们有的（　　），有的（　　），个个满头大汗。

追问3：你觉得小蚂蚁怎么样？（很勤劳，很辛苦）读好哪些词语就能让人感受到小蚂蚁又勤劳又辛苦？

练习有感情地朗读。

第2自然段

出示："它们躲到大树下乘凉，有的唱歌，有的睡觉，个个自由自在。"生读句子。我知道了蝈蝈们在乘凉。

（出示图片）我们来看，这只蝈蝈在唱歌，这只在干什么？另一只又在干什么？玩得怎样？相机理解：自由自在。

句式训练：他们躲到大树下乘凉，有的（　　），有的（　　），个个自由自在。

追问：你觉得这是一群怎样的蝈蝈？

赛读这一段。

合作探究（二）

夏天，蚂蚁那么辛苦，蝈蝈却自由自在。他们是怎样过冬的呢？读第三自然段，圈出有关词语，跟对子说一说。

交流预设：

1. 蚂蚁无忧无虑。蝈蝈又冷又饿。

2. 追问：听，老师仿佛听到蝈蝈一边哭一边在说——他们在说什么呢？

3. 把你的感受送入朗读中。

4. 追问：夏天的时候，蝈蝈笑话蚂蚁真是傻瓜。你认为到底是谁傻呢？说说理由。

5. 此时此刻，你想对蚂蚁和蝈蝈说些什么？（蚂蚁呀，你们用勤劳和汗水创造幸福的生活。蝈蝈啊，你们贪图享乐，懒惰只能换来又冷又饿的结局，你们才是真正的傻瓜呢。

通过这样的调整，既根据学生年龄特点把合作探究的问题简单化，又在交

流汇报的过程中点拨、追问，进行必要的双基训练和朗读指导，可谓水到渠成、顺理成章。

5. 开展合作学习的组织管理

在合作学习前，教师要留给学生独立思考的时间，不能刚出示问题就让学生进行合作交流。应该先让学生读书，独立思考，形成自己的见解后，再进入小组讨论。否则，要么学生们没有真正地进行讨论，在一起闲聊，影响课堂纪律；要么学生的思维被别人“同化”，造成“人云亦云”的现象。对于不同年龄段的学生，要予以区别对待。

低年级学生。六七岁孩子的注意力集中时间很短，他们的自我控制能力差。因此，教师要多设计一些“短、频、快”的合作学习。每次的学习任务要少一些，简单一些；每次讨论的问题一般为1至2个，讨论时间也短一些，可以控制在3分钟之内；每堂课可以交替设计安排多次合作学习活动。

案例：我在执教二年级《台湾的蝴蝶谷》时，就分三次让学生合作探究。

合作探究（一）

用自己喜欢的方式读第三自然段；

（1）这段话是围绕哪句话写的，用“____”画下来；

（2）小组内讨论：具体写了蝴蝶谷哪些迷人的景色？

合作探究（二）

请同学们轻声朗读，然后和小伙伴们商量一下，怎么样去欢迎游客们？

合作探究（三）

1. 这段话是围绕哪句话来写的？请用“____”画出来。

2.“五彩缤纷”的近义词是（　　），请你再写几个描写色彩的词：（　　）。

高年级的合作学习。高年级学生的注意力集中时间比中年级时又有了增长，自我组织能力和自我控制能力也提高了许多。在此阶段，教师要进一步提高合作学习的“综合性”“深刻性”和“探究性”，并延长小组合作学习的时间，以6至8分钟为宜。

案例：我在执教三年级《放飞蜻蜓》时，就设计了三个问题让学生合作探究。

1. 用你喜欢的方式读课文，找一找陶行知一共问了孩子们哪几个问题？用

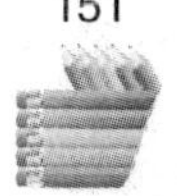

“____”画出来。

（独立完成）

2. 读了课文，你知道了蜻蜓的什么特点？（对子交流）

3. 用“____”画出描写陶行知说话时神态和动作的词语或句子，体会一下，陶行知是一位怎样的人？（小组交流）

自主学习和合作交流既尊重了学生的主体性，也发挥了学生的主观能动性，增强了学生的主体意识。这种学习方式改变了学生的学习状态，使学生从“要我学”转变为“我要学”。当然，这种转变不会一蹴而就。学生的身心发展是一个缓慢的成长过程，欲速则不达。教师在这个过程中要有耐心，要知道教育是一门慢的艺术，要学会“等待”，切忌急于求成。如果要想真正地抓好小组建设，就要一切从学生的角度出发，关注每一个孩子，努力让每个学生都参与到小组合作探究中，培养孩子的主人翁意识，提高个体的学习动力和能力，从而顺利完成我们的教学任务。

在《如何写导学案》这本书中提到，“合作探究，解决问题”环节，在备课时，应突出问题性原则，知识以问题的形式呈现，问题设计要精心，形式要多样。教师要将教材中的知识点巧妙地放入具体的情境活动中，通过设计一个个探索性的问题，将学生引入自主的学习之中。

6. 允许探究的答案多元化

教师问题的提出是要教师事先精心设计的，不能信手拈来。作为教师，对于问题自己心中要有明确的答案。对于问题探究的结果允许有不同的层次。浅层次、中等层次、高等层次的结果都是正确的，教师要结合全班学生的认知水平、学生间的差异，允许答案的不同，只要符合本题意思就可以。教师还可以把学生们的答案选择一些具有典型性的展示给学生们看，让学生们自己比较，选择最佳的回答，作为本题的答案。这样的处理还有一个好处就是可以让班级的每个学生都参与进来，知道为什么选择这个答案。

7. 小组合作学习的评价

关于小组合作学习的评价，根据不同的标准可以分成不同的类别。以评价的范围为依据，小组合作学习的评价可以分为组内学生评价和教师评价；以评

价的对象为依据，小组合作学习评价可以分为过程评价与结果评价。在教学过程中，不管是哪一个方面的评价，其对象都是整个小组，每个小组成员的成绩都代表着整个小组。在评价时，教师要把小组整体的成绩作为评价的依据，评价的重心在于大家合作完成任务的情况。在评价小组合作学习时，教师不仅要评价学生个体的表现，更需要注重集体评价，评价他们参与团队合作的积极性，是否能够做到互相帮助，使学生了解到小组是学习的集体，实现个人目标必须依靠集体目标。在合作学习中，如果学生能够发表与众不同的独特见解，教师应该及时给予鼓励和赞赏。

如果对学生的评价总是停留在口头上，只是象征性地表扬一下，时间长了，就会失去激励的效果。可以根据小学生的心理特点，在班级设立小组竞赛星星榜，用加星的方法激励。如果教师的小组评价不到位，或者说不能坚持长期评价。想起来就说两句，想不起来就一两个月不提及。这样，学生对小组就没有概念，无法形成集体意识，小组的集体荣誉感就没有养成。所以，采用小组合作学习一定要健全评价体制，对于表现好的小组，还可以通过发奖状、发作业本等方式予以激励。

真正的合作学习，是一种自主学习和探究性学习。根据我们学校的“六要素”教学模式，对照以上的基本流程，我们是把“研、展、教”三步合成了“合作探究，解决问题”一个大环节。在本环节中，主要是通过小组合作讨论来解决问题，通过交流展示合作探究的成果，同时进行必要的双基训练，最后达到解决问题的目标。当前，以小组合作学习的方式探究问题是需要具备一定前提条件的，那就是学生在以合作学习的方式探究问题之前已经充分学习了相关内容，如此每个学生在小组合作学习中平等充分地交流，共同探究问题的解决。

（三）拓展延伸，举一反三

举一反三就是从一件事情类推而知道其他什么事情。在语文课堂教学中，就是要抓住一点，向前后左右，上中下处延伸，实现知识的前后衔接。反的意义在于类推，就是要由此及彼，实现知识、方法、规律、技巧的迁移，达到触

类旁通的目的。

拓展延伸，就是要培养学生的创造性思维能力，使学生形成发散思维，开拓学生的视野。同时，举一反三会促使课堂立体式、快节奏、大容量目标的达成。

因此，这一环节是开拓学生视野、对学生进行拓展性思维训练的主要途径，其目的就是要培养学生的创新思维。对于语文学科而言，第一课时与第二课时拓展的内容也不相同，第一课时可以就某一个知识点进行拓展，第二课时就整篇课文拓展迁移，实现知识的上挂下联，左顾右盼。

在课程改革的背景下，拓展延伸成为语文课堂教学中的重要内容，老师们越来越喜欢在课本知识的基础上予以适当的拓展延伸。

1. 对阅读教学中拓展延伸设计的基本认识

语文课程标准指出："语文教学要开展丰富多彩的实践活动，拓宽语文学习的内容、形式与渠道，使学生在广阔的空间里学语文，用语文，丰富知识，提高能力。"这段话告诉我们，在阅读教学中，教师要引导学生从课本中汲取营养，掌握知识。同时，又要源源不断地向课文输出信息，丰富语文知识的内涵。

为学生提供一个思考、探索、想象、创新的平台，这是我们语文教师应该努力的目标，目的在于使学生得法于课内，得益于课外。因此，在课堂教学环节中，我们需要设置拓展延伸的部分。所谓拓展延伸，就是在教师在课堂教学的过程中，在课本知识的基础上做一定的延伸和思考，并得到新的知识。

2. 看准时机，即时性地拓展延伸

在课堂教学中，如果单纯为了拓展而拓展，脱离了教学文本，就会导致教学内容的空洞。我们要知道，拓展延伸的主要目的是服务于文本解读，以利于学生更好地理解和掌握文本。因此，我们可以根据课文的题材和教学的实际需要，因地制宜地适时拓展。拓展的途径非常广阔，课文的背景、内容和形式，课外语言材料、学生生活、社会生活等方面，都可以拓展。扎实有效的拓展延伸不是表演给别人看，而应该是有利于教学目标的达成，有利于形成正确的情感、态度与价值观。同时，教师在课前必须了解学生的最近发展区，深入研究教材。只有做好充分地准备，才能随机应变，进行扎实有效地拓展延伸，从而提高学

生的语文学习能力。

教师在文本的空白生成处，针对学生在学习过程中出现的新情况进行拓展延伸，激发学生的兴趣，引导学生进行探究性学习，在教学的实践活动中培养学生的语文学习能力。这种方式就是根据课堂教学的内容和学生学习的实际需要，在教学中利用即时生成的空白进行拓展延伸，它遵循“学生想要怎样学，教师就该怎样教”的原则。

例如在学习《狐狸和乌鸦》这篇课文后，要求学生根据狐狸和乌鸦的性格特点，充分发挥想象，续写一篇作文：乌鸦自从被狐狸的花言巧语骗走了一块肉以后，心里一直很后悔。有一天，她又得到了一块肉。当她在一棵大树上休息的时候，恰巧又被那只狐狸看见了……

3. 立足文本，略有超越地拓展延伸

《语文新课程标准》要求：“语文课程必须面向全体学生，使学生获得基本的语文素养”，“使他们逐渐形成良好的个性和健全的人格”。现在，随着新课程改革的不断深入，语文教学逐渐摒弃了传统的“教教材”“考教材”的模式，拓展延伸环节已时常出现在课堂上。在课堂教学中，我们应该充分利用语文课程资源，有意识地调动学生的阅读体验和生活经历，使教师由教材的执行者转变教学资源的开发者。

案例：《生命的壮歌——生命桥》

在学习完这篇课文后，我让学生观看《“诺曼底号”遇难记》电影片段，先探讨了人类在灾难来临时是如何集体作出选择的，再探讨了在不可抗拒的灭顶之灾中作为个体的权利与尊严问题，最后归结到“敬畏生命”这一课堂主题。

因此，我们语文教师在设计拓展延伸内容的时候，要在熟练掌握文本的基础上，适时延伸，使学生在拓展的过程中获得更加深刻的感悟。

4. 立足生本，源于生活地拓展延伸

《语文课程标准》指出：“学生是学习的主体。语文课程要根据学生身心发展的状况和语文学习的特点，关注学生的个体差异和不同的学习需求，爱护学生的好奇心和求知欲，充分激发学生的学习兴趣和积极进取的精神。”关于阅读教学,《语文新课程标准》强调:“阅读教学是学生的个性化行为，不应该以教师的分析来代替学生的阅读实践，应让学生在主动积极的思维和情感活动中加深理解和体验，有所感悟和思考，受到情感的熏陶。”因此，我们在实际教学中应该处处凸现以生为本的意识。因为学生有权利拥有独立的人格、自由的意志，拥有丰富敏感的内心世界，拥有舒展生命、张扬个性的空间。

例如教学《雨后》这篇课文。就文章而言，雨天是每个学生都经历过的，他们对此肯定充满了美好的回忆与憧憬。果然，同学们对文中雨中所描述的情趣产生了强烈的共鸣。课堂教学进展顺利，就剩下最后的拓展延伸环节。于是，我趁热打铁地问:“同学们，今天学习的这篇课文表现的是少年儿童在雨后快乐玩耍的情景。但是，老师有一些疑惑。大家能帮老师一起来解决吗？第一,你是怎样看待儿童的天性的？第二,通过学习，我们能悟出儿童最重要的天性是什么吗？”问题刚提出来，教室里就安静下来了，同学们低下头不敢看我。我再次启发了一下。然而遗憾的是，还是没有一个人勇敢地举起手来。眼看没有什么时间了，我还是指定一名同学来作答吧。扫视一下教室，同学们的目光都在躲避着我，这说明他们都觉得没有把握。这种尴尬的局面让我到现在都记忆犹新。

反思这几年的教学，我渐渐感悟到我们的拓展延伸忽视了一个很重要的问题——生本意识。以前设计的问题是按照老师的思路来的，这样一来无形中束缚了学生的思维。我们课堂解决的问题往往只是教师之惑，而非学生之惑。然而，教师的问题解决了，就等于学生的问题解决了吗?学生被动地接受了来自教师的理解和评价,没有自身独特体验的感受是不深刻的,是不利于学生学习的。后来，我设置了这样的拓展延伸：你在雨中经历过哪些有趣的事情?说给大家听听。这样的设计接近学生的生活，学生就有话可说。课堂效果很好，文章要解决的问题也解决了。

5. 有度、有量、有目标地拓展延伸

有度的意思就是语文要有语文味，不能上成别的课，就像“品德与社会”课不能上成语文课一样,语文有其工具性与人文性的特点。《语文课程标准》指出：

“语文应着重培养学生的语文实践能力，而培养这种能力的主要途径也应是语文实践……应该让学生更多地接触语文材料，在大量的语文实践中掌握运用语文的规律。”根据语文课程的精神，语文教学中的拓展延伸应该具有深刻的现实意义。但在课堂中一些无度的拓展也屡见不鲜，层出不穷。有量，指的是需要着重考虑是否真的需要拓展延伸的问题。有些是只可意会不可言传的内容，就不要画蛇添足。与此同时，我们还要考虑到需要拓展几个方面，要学生回答的内容有哪些。这些都是我们应该事先做一定分析确定的。从小学语文课堂整体性来考虑,拓展延伸毕竟不是一节课中的主要部分,它不能过多地占用课堂的时间。有目标就是要搞清楚这里拓展的目的是什么,是为了文本解读,还是情感的提升,还是能力的锻炼？我们不能为了课堂教学的完整性而摒弃语文教学的目的。

当然，课堂教学的各个环节是一个有机的整体，应该是相辅相承的。拓展延伸作为其中的一个组成部分，恰如其分地运用，既可以拓展学生的思维，又可以培养学生的学习能力。需要强调的是，拓展延伸作为一个要素，是可以贯穿于整个课堂教学的，而并非仅仅局限于文章的结尾。

（四）检测评价，当堂达标

所谓“检测”，就是指通过考试、训练、作业等手段检查学生是否掌握了学习的内容。这里的关键是要做到“当堂”，以便及时反馈学生的掌握情况，及时矫正和调整教学行为。它有利于提高教学质量，是改善课堂教学的重要手段之一。当前，因为班级学生数比较多，在教学的过程中，教师是无法全面了解所有或大部分学生对知识的掌握情况的，而通过课堂达标训练检测，教师可以知道学生对知识的掌握到了什么程度，哪些同学已经完全掌握了，还有哪些同学有待于进一步提高。了解学生的掌握情况以后，教师就可以拿出相应的措施予以帮助。当堂检测不仅可以反馈学生的学习效果，还能促进学生的高效学习。

以前，我们曾经错误地认为，教师讲课的时间与教学效果成正比。教师讲解的时间越长，学生的学习效果越好。教师在课堂充分地讲解，学生在课后认真地写作业，既没有浪费课堂上的宝贵时间，又充分利用了课外的时间。因此，我们经常取消学生自学的时间，而改为教师讲授，认为只有这样，才能提高教学效果，学生才能考出好成绩。殊不知，学生构建新的认知结构，掌握新的技能绝对离不开自身的实践活动，单靠教师的讲解，学生最多只能算是听“懂”，却不是学“会”。因此，在课堂教学中进行当堂达标检测显得举足轻重。

案例：苏教版语文二下《雨后》补充习题：

1. 辨字组词。

梢（ ）咬（ ）妹（ ）粗（ ）

消（ ）交（ ）味（ ）且（ ）

2. 帮词语找家。

闪光 发光

太阳能（ ），而地球不能。

流星变成一道（ ），划破黑夜的长空。

冷静 安静

上课时，同学们应该保持（ ）。

考试时，大家要（ ）地思考。

神往 向往

我们对美好的生活充满（ ）。

这美好的感觉多么令人（ ）。

一节课结束后，学生学得到底怎么样，只有通过检测才能知道。这就需要我们对学生进行当堂检测。可以这样说，优化课堂教学、提高教学质量最行之有效的方法就是当堂检测。当然，当堂达标的形式可以是笔试，也可以是口试；可以在书上进行填空，也可以做一次作业……只要是紧扣本节课的知识点，能够检测出学生的掌握情况就可以。在当堂达标的检查中，可以老师自已批阅，也可以在小组内，让小组成员以互批互改、讨论批改的形式进行。

以往的课堂，有的看似热闹，但实质学生学得不够扎实。尤其是在公开课中常常出现。课上得很好，设计得也很新颖，但对知识的落实却往往不到位。这样的课堂是低效的，甚至是无效的。“六要素”教学模式特地把每堂课需要掌

握的知识放在课堂及时完成，及时反馈，遇到问题得以及时解决。

当堂检测的内容可以选用补充习题或是练习册上的相关习题，也可以根据课堂教学的内容选取一些重难点作为检测的内容。不管是补充习题还是练习册，都是学生需要完成的作业。我们把它渗透到课堂中完成，就在无形中减轻了学生的学习负担。

教育心理学认为：“学习必须获得及时的评价，没有评价的学习效果很差，甚至没有效果；而评价越及时，学生的学习兴趣就越浓厚，学习效率也就越高。在教学过程中取得的成效，如果能够得到及时的评价，就能为下一步的教与学提供便利。”

从教师的角度来说，当堂检测能让教师及时了解学生对新知识的掌握情况，再根据学生对新知识的掌握情况随时调整自己的教学方法及教学进度；从学生的角度来说，当堂达标检测可以让学生将所学的新知识加以应用，并在应用新知识中加深对新知识的理解，巩固新知识。

一堂课的学习结束后，如果没有立即对学生学习的情况进行检测，就会使得师生对教与学的目标达成情况不了解，不能及时有效地对学习进行调控与补救。

在实行当堂检测，达标评价时，要遵循以下几方面的原则。

1. 面向全体学生

教师在编写当堂达标练习题时，要把握好试题的难易度。如果多数试题难度过大，难住了许多中等以下的学生，这会使他们产生挫折感，而这种挫折感会打击他们学习的积极性。如果出得过于简单，全用教材上的原题，又会让学生觉得单调重复，没有意思。因此，在题的设计上要有基础知识的训练和综合能力提高的分类练习题。待优生做基础题目，优等生做完基础练习以后可以做提高练习。

2. 注意新旧知识的迁移

当堂达标的内容要注意新旧知识的整合，要有针对性的复习和训练，其内容和新授应该密切相关。在设计当堂达标内容时，要根据教材内容及学习新知

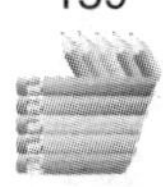

识的需要，由旧及新，沟通联系，为知识的正迁移作准备。在课堂上，教师应该留给学生足够的时间，通过各种方式提高达标检测的质量，通过达标检测反馈了解学生的学习情况，从而优化教学手段，提高教学效果。

3. 方式要灵活多样

为进一步拓展学生的思维空间，挖掘他们的潜力，增强他们的创新意识，当堂达标练习在方式上一定要灵活多样。教师要抓住一切机会，运用思维发散性的练习让学生有效地掌握新学的知识。当堂达标是教师了解学生学习情况，检查自己教学效果，及时调控教学进度的有效手段，对提高教学质量起着举足轻重的作用。

4. 要及时纠错

教师在课堂中实施达标训练是为了发现学生在知识理解中所存在的问题，因而发现了问题教师一定要督促学生及时加以解决，这样才有利于学生进一步巩固所学知识，而教师也做到了心中有数。在“反馈—矫正”的过程中，教师一定要树立具体问题具体分析的意识，切忌一刀切，也就是说教师应重视每个学生的个体发展，注意发现不同学生所具有的独特的闪光点，并把握恰当时机运用激励性评价机制，做到反馈和鼓励的统一，挖掘学生的潜能，努力提高学生的整体素质。

随着课程改革的不断深入，当堂达标检测逐渐成为训练学生掌握知识、形成技能、培养能力、养成良好习惯的重要手段；这种有目的、有计划、有步骤、有指导的教学训练活动，是教师了解学生的掌握情况，进行反馈调节的重要措施。

总之，教学有法，教无定法。不同年级、不同班级、不同的教学内容，学生的学习方式和方法也不会一模一样，教学方法也因班而异，因生而异，有所改变。在实际操作中，教师应该做到心中有模式，灵活应用，不断完善，努力达到教学的最高境界，而不能生搬硬套。

四、“六要素”教学模式的特点

在教学实践中，“六要素”教学模式呈现出以下几个特点。

1. 先学后教，以学定教

“先学后教”的“教”字不是系统讲授的意思，而是在学生苦思冥想之后的“点拨指导”。教师根据学生自主学习的情况进行指导，或对其不理解的问题进行回答，或对其不准确的表达予以规范，或对其错误的理解给予纠正。“以学定教”，就是老师根据学生学习到什么程度而确定教什么内容，怎么教，教到什么程度。在教学的过程中，师生之间应该积极互动、共同学习，共同提高，要处理好授业解惑与培养能力之间的关系，注重培养学生的独立性和自主性，引导学生质疑、合作、探究，使学生能够在教师的指导下进行富有个性地学习。作为一名教师，我们要在尊重学生个性发展的同时，关注他们之间的个体差异，满足这种差异性的学习需要，调动学生的学习积极性，努力培养他们具有良好的学习习惯和学习能力，尽量使每个学生都能得到健康的发展。

2. 自主学习，交流展示

在小学语文“六要素”教学模式的课堂上，主要是让学生自主学习、合作讨论、交流展示、训练反馈。课堂教学时，在学生做好充分的课前预习的基础上，让学生提出自己不理解的问题，然后在小组内讨论，最后在全班进行交流展示。教师根据交流的情况适时进行点拨、讲解，再通过拓展延伸，当堂检测，达到完成教学目标的目的。

3. 合作探究，提高素质

“六要素”教学模式课堂需要借助于小组合作的形式。我们要按照“组内异质，组间同质”的原则将学生分成若干个小组，让学生在小组内合作、探究。在小组内遇到经过讨论仍然不能解决的问题，由组长报告给老师，组织全班同学一起讨论。教师在教学过程中要关注每个小组成员的学习状态，让每一个小组成员都有发言的机会，都能通过小组的讨论来提高自身的素质。

4. 合理分组，共同提高

小组是“六要素”教学模式的基本平台，合作、探究、展示等教学行为几乎都是以小组为单位。所以，对学生进行合理分组就显得非常重要，必须引起我们高度的重视。一般来说，我们按照“组内异质，组间同质”的原则划分小组，通常以6个学生为一组，从学习成绩、语言表达能力、组织能力、交往能力、学习习惯等方面综合考虑，将学生分为高、中、低三档，再按2 ∶ 2 ∶ 2比例分配在一个小组。在课堂教学中，分组只是一种形式，更重要的是在教学活动中要积极发挥小组的主观能动性。教师要重视小组建设，重视小组评价，从而激发学生参与教学活动的积极性，培养学生形成小组的集体荣誉感。

总之，教学有法，教无定法。不同的教学内容，学生的学习方式和方法也不完全一样，教学方法也会有所改变。在实际操作中，教师应该做到心中有模式，灵活应用，不断完善，努力达到教学的最高境界，而不能生搬硬套。

五、“六要素”教学模式的应用价值

最近，我校全力推进课堂教学改革。那么，如何改，改什么？我们首先要想清楚，教育的实质是什么？我认为，教育的实质就是解放学生，让学生学会说，学会写，学会思考，学会想象，学会创新。这也是学校以及教师存在的意义。以前，我们听课，如果说教师讲得系统，讲得有条理，讲得全面，讲得精彩，我们就说这是一节好课，这位老师基本功扎实。然而，这种教学方式导致了一种假象，学生看起来什么都懂，实际上对知识却是一知半解，就像刚学做饭的人做了夹生饭。同时，还会导致学生思维的惰性，依赖于教师讲解。学生一旦有了依赖性，他的独立性、独立能力就完全没有了。如果教师在课堂不讲，学生就不知道该怎么办了。

传统的课堂教学是有代价的，而且是非常昂贵的代价。学生在课堂上虽然学到了知识，但并没有因此增长能力，特别是独立学习的能力和批判创新的能力。在传统的课堂教学中，老师是绝对的权威，学生必须无条件地服从。简单

说，在学习过程中，学生得全方位地配合老师。我们经常说学生是课堂的主角，老师是课堂的配角。那么，课堂是最忙碌的一定是主角，而不是配角在忙，在声嘶力竭地喊，甚至喊出了咽炎，喊出了声带小结。我们的课堂怎么能只看见配角的教，看不见主角的学呢？既然学生是主角，那么学生的学应该是完整的，有结构的，系统的，而不是反过来，教师的教是系统而全面的。

反思我们的课堂，我认为课堂是为学存在，而不是为教存在。课堂教学的任务是尽可能地提供各种条件为学生的学服务。学生的学习和发展才是课堂教学的中心。所以，课堂中，应该当是教师配合学生，让他们看见自己在干什么，而不是学生配合老师，整天不知道自己做什么。我们传统的教学模式往往导致了一种可怕现象的诞生——学生学会了迎合老师而不是学会了思考。

我一直认为，教学的过程就是提出问题、分析问题、解决问题的过程。提出问题就是质疑，可在全班进行。分析问题可以放在小组内进行，解决问题的呈现过程就是对小组合作学习的评价。 当然，所有的真理都要放到实践中检验才知道真假，一种教学模式的好坏主要取决于教学的效果。某种教学模式是否适合一所学校的教学，要看能否提高该所学校的教学质量。通过实践证明，小学语文“六要素”教学模式是一种实用的、高效的教学模式。只要我们能够坚持从学校的实际情况出发，灵活运用这种教学方法，所得到的教学成绩，就会远远超过课堂上以教师传授为主的传统教学的效果，也就从根本上触决了学生作业负担过重的问题，从而达到传统教学无法达到的教学效果。

1. 能快速提高教学质量

现在教育体制下的主要问题是，教育的发展跟不上经济社会的发展，无法满足国家对人才培养的要求。在这种情况下，我们要想改变现状，使我们的教育能够很好地为经济社会服务，就必须要树立先进的教育理念，打破传统观念和体制的牢笼，在教学内容、教学方法等方面进行大胆地改革。作为新时代的教师，我们要强化质量观念，完善学业水平考试和学生综合素质评价制度，逐步建立起以全体学生为评价对象，以完成课程标准规定的教育内容和培养任务为主要内容、以合格率和完成率为主要指标的教育质量评价体系。对于一所学校来说，课堂是主阵地，提高教学质量是最为重要的中心工作。促进学校的内涵发展，就是要提高教学质量。如何提高教学质量，就是要进行课程改革。有很多老师提到课程改革就觉得害怕，总担心改革会影响教学质量。甚至有的老师认为，课程改革的阻碍就是高考、中考、小毕考等。实际上，这些观点都是错误的。我们进行课程改革的目的是什么？不就是为了提高课堂教学效率，提升教学质量吗？如果我们的改革不能发展生产力，不能提高教学质量，我们的改革还有什么意义呢？那么，小学语文“六要素”教学模式为什么能够大幅度提高教学质量呢？

（1）能够唤醒学生的主动发展意识

自主预习、质疑导学、合作探究等环节，都能够真正调动学生的学习积极性，解放每个学生内在的求知欲，让每一个学生释放出巨大的学习能量。在“六要素”教学模式的课堂上，学生成了课堂的主人，有了学习的责任感，每次上课都能像竞赛那样紧张地思考、讨论、订正，最后又能像考试那样完成检测。这样，学生在课堂上有静有动，劳逸结合，学习效果就会特别好。如果一节课上都在动，没有静，看起来似乎热热闹闹，轻轻松松，其实学生没有动脑，学习效果根本无从谈起。

（2）能够及时反馈信息，解决问题

学生通过预习后发现问题，然后在小组内讨论，解决问题后进行当堂检测。通过检测，就知道了教学中存在的问题，然后进行有针对性地讲解。如果，课堂上学生的发言都是在课前准备好的讲稿，那么就根本不能在课堂上发现问题、解决问题。在课堂上不能及时决问题，就是课堂教学的最大问题。通过当堂检测，学生不仅理解了知识，当堂完成了作业，而且达到了多元的教学目标。如果不能当堂达标，学生就没有真正学会，形成能力，学生的学习任务就要拖到课外去完成，学习效果必然大打折扣。

（3）有效实现提优补差

在“六要素”的教学模式课堂上，优生通过自己看书、学习，做检测题，完成学习任务后，就当小老师，帮助别人。在讲解知识的时候，自己会对知识

进一步理解，灵活运用，起到了提优的作用。后进生的问题由于有了优生帮助，也能学到不少知识。在一定程度上弥补了教师无法个别辅导的不足。这样就使得每一个学生都能在原有的基础上得到不同层次的提高。

2. 能有效地实施素质教育

“六要素”教学模式的应用给我校的语文课堂教学注入了新的活力，它改变了传统的师教生学、师说生听的教学方式，而是在自主学习、生生合作、师生交流对话中进行。教师只是课堂的主导者，学生才是课堂的主体，充分发挥学生的主观能动性，让师生关系、生生关系更加融洽，既培养了学生团队精神，又增强了学生的合作意识和竞争意识，极大限度调动学生学习的主动性，挖掘了学生的学习潜能。

（1）增强了学生的自学意识

在小学语文“六要素”模式课堂上，学生成为课堂的主人，由被动学习变为主动学习，由“要我学”转变为“我要学”。就增强主体意识来说，那些把新知识或新技能掌握很好地学生，能够把自己当成老师，去辅导那些对新知识或新技能掌握不到位的其他学生。为了讲好新知识，扮演小老师的学生们，必须要对所学的知识进行认真的分析和梳理，这在无形中增强了他们的自学意识。其他的学生看到别的学生学得好受到表扬，受到别人的尊重，也希望在课堂上能有出色的表现，也希望能有机会教一教别人，体会一下做老师的感觉。因此他们就会在课前进行自主学习，学习的积极性提高了，自学能力自然就提高了。

（2）促进了学生的全面发展

在“六要素”教学模式的课堂教学中，每个学生需要运用已有的知识经验去寻求解决新的问题。这时，学生的思维往往比较活跃，常有灵感闪现。小组合作学习为学生提供了一个自由发展的平台，为学生发展思维创造了有利的条件。在小组合作学习过程中，学生可以很好地把自己融入到小组的集体中，增强他们的分工合作意识；在小组合作学习过程中，他们要学会如何倾听别人的意见，学会倾听也是一种好的学习品质；在小组合作学习过程中，他们在讨论的过程中可能会有争执，但为了完成任务他们还得齐心协力；在小组合作学习

过程中，他们相互沟通、相互理解，认识到自己的不足，发现别人的长处。小组合作学习的教学模式很好地为每一个学生提供一个自我展示的机会，每个人都有自己的发言权，让每个学生都平等地得到锻炼的机会。在这过程中他们每个人都会进一步发现自我，认识自我，共同分享成功的喜悦，他们会在不知不觉中增强自己的主人翁意识，促进每个人的全面发展。

（3）提高了学生的学习效率

在“六要素”教学模式的课堂中，每个学生都能积极参与到学习过程中，每个成员都带有浓厚的学习热情。在早读课时，1号、2号都会教5、6号同学读书，像老师一样检查，读错了就带着一起读。课堂讨论时，大家能够集思广益，各抒己见，实现人尽其能。在这种情况下，问题就变得简单了。可以说，这种教学模式为所有学生提供了良好的发展平台，为提高学生的合作能力和培养学生终生学习的意识打下了坚实的基础。小组之间的合作学习既是同伴之间互相帮助，共同提高的过程，也是交流知识，沟通感情的过程。它使每一个小组成员都融入了小组这个集体，增强了集体主义观念。

（4）拓宽了学生的学习空间

“六要素”教学模式将学生个人之间的竞争改变为小组之间的竞争，为他们提供一个轻松自主、畅所欲言的学习环境，提高了学生创造思维的能力。学生在小组内有更多的空间发表自己对问题的看法，在参与学习活动的过程中获得成功的情感体验。整个学习过程中，以成员之间合作互助为主，组间竞争为辅，合作与竞争相反相成，并行不悖，使课堂气氛团结紧张，活泼愉悦。为小组的集体荣誉而奋斗，有利于培养学生的集体主义荣誉感。合作交流时，组员们惜时如金，紧张有序地合作，既能充分表达自己的想法，又能听取、分析、吸纳别人的观点。小组中的每一个成员都有自己的长处，有的善于表达，有的善于总结，有的善于组织……在这样平等、民主、和谐的友好氛围中，大家互相之间取长补短，为今后更加密切地合作和竞争奠定了基础。

（5）体现了学生的主体地位

应用“六要素”教学模式的目的在于激发学生的学习兴趣，调动他们的学

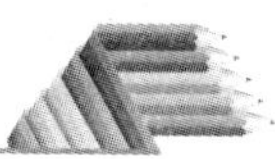

习积极性，培养他们良好学习习惯，并在学习过程中形成学习能力。以这种模式组织课堂教学，每位学生都有平等的发言机会，而且组员在小组的发言是无拘无束的，因为大家是平等，这有利于问题的讨论和解决，同时也增加了学生将所学知识加以应用的机会。这不仅拓宽了学生的知识面，而且促进了学生思维的进一步发展，同时增强了学生的学习兴趣，提高了他们的独立学习能力。在小组交流讨论的过程中，组员相互学习彼此的长处，展开互助、互查、互评活动，使学生在检验组员的同时也提高了自己对知识的理解，在评价其他组员的同时也提高了对自己的正确认识。这样才是真正体现了面向全体学生，使他们的思维活而不乱，促进他们生动活泼、积极主动地学习。

结论

小学语文“六要素”教学模式以小组合作为平台，以探究问题为抓手，采用自主、合作、探究的学习方式，从而轻松愉快地达成课堂教学目标。合作学习使学生感受到学习不再是件单调重复、枯燥无味的事情，而是一种轻松愉悦的小组交流，这有利于实现智力因素和非智力因素平衡发展，最终有利于实现学生学会学习这一教学长远目标。

这种教学模式使用得当，在教学中确实能起到不可低估的作用。但是，我们也应当清醒地意识到，任何一种教学方法都不是仙丹，能适合于所有的学生，让所有的学生都能立竿见影地见到学习效果。我们除了需要具有丰富的学科知识之外，还需要有很好的认知心理学和社会心理学的基础，整合成良好的教学专业知识。目前的困惑主要有以下两点：

1. 如何将不同层次的学生进行合理搭配，还有待于进一步优化。我们班在分组时，开始主要参照的是语文考试的分数。大家知道，有的学生虽然分数高，但是其组织能力不一定强。还有一种情况是语文成绩好的学生，数学未必就好。这样一来，小组间的水平就不一样，对于其他学科的教学就产生了难度。

2. 我们“六要素”教学模式的小组合作学习还有待于进一步优化。小学生

如何合作，组员间如何分工，还需要教师进一步地进行培训和要求。

虽然我们前面的路还很长，但是，我想，只要我们一如既往地坚持在课堂上采用“六要素”教学模式，不断地探索和创新，我们课堂教学的效率必然会逐渐提高到理想状态。

参考文献：

[1] 陈玉秋主编．语文课程与教学论 [M]. 桂林：广西师范大学出版社，2004年5月．

[2] 韩吉东主编．合作学习的100个问题 [M]. 青岛：青岛教育出版社，2009年5月．

[3] 逄凌晖．教师如何写导学案 [M]. 天津：天津教育出版社 2012.1

[4] 王坦．合作学习——原理与策略 [M]. 北京：学苑出版社，2001.

[5] 张东兴．浅谈小组合作学习的教学策略 [J]. 教育实践与研究，2000，(9).

[6] 蔡林森．教学革命——先学后教 [M]. 北京：首都师范大学出版社，2011.

[7] 朱慕菊．走进新课程 [M]. 北京：北京师范大学出版社，2002

[8] 中华人民共和国教育部．义务教育语文课程标准（2011版）. 北京：北京师范大学出版社，2012.

[9] 郑国民．新世纪语文课程改革研究 [M]. 北京：北京师范大学出版社，2003.

[10] 陈诤．语文新课程百问 [M]. 北京：北京师范大学出版社，2005.

[11] 中华人民共和国教育部．基础教育课程改革纲要 .2001.6

[12] 杨琼．《语文教学中的问题意识》《文学教育》2011，(18)：83 –83

[13] 傅道春．新课程中教师行为的变化 [M]. 北京：首都师范大学出版社，2001.

[14] 赵笑梅．小组合作学习的四个基本经验 [J]. 教育科学研究，2001，(12).

[15] 庞国斌．王冬凌．合作学习的理论与实践 [M]. 北京：开明出版社，2003.

[16] 傅华强．张银华．小学语文新课程教学设计 [M]. 湖北：华中师范大学出版社，2003.

[17] 王鉴 . 回归教学生活的研究 [J]. 教育研究，2004，(1).

[18] 邓友超 . 教师实践智慧及其养成 [M]. 北京 : 教育科学出版社，2007.4.

[19] 郑金洲 . 合作学习 [M]. 福州 : 福建教育出版社，2005.3.

[20] 马兰 . 合作学习 [M]. 北京 : 高等教育出版社，2005.4.

[21] 高文 . 教学模式论 [M]. 上海：上海教育出版社，2002.

[22] 黄勤 . 小学语文阅读策略指导的实践研究 [D]. 杭州：杭州师范大学，2012.

[23] 季银泉编著 . 小学教学模式 . 苏州：苏州大学出版社，1996.

[24] 李其男 . 高效课堂模式下的语文教学艺术 [J]. 语文教学与研究，2014,（17）.

[25] 孙春成 . 语文课堂立体教学模式 [M]. 南宁：广西教育出版社，2001.

[26] 吴立岗主编 . 教学的原理、模式和活动 [M]. 南宁：广西教育出版社，1998.

[27] 夏慧贤 . 当代中小学教学模式研究 [M]. 南宁：广西教育出版社，2001.

[28] 周邦瑞 . 研究式教学模式的构建 [D]. 南昌：江西师范大学，2003.

教学案例

金子（第二课时）

教学目标

1. 正确、流利、有感情地朗读课文。运用现代教育技术培养学生的形象思维能力和对美好事物的感受能力。

2. 凭借对课文的朗读感悟，懂得要想获得财富或成功就必须要付出辛勤劳动的道理。

教学重难点

引导学生诵读课文，了解“真金”的含义。懂得要想获得财富或成功就必须要付出辛勤劳动的道理。

教学流程

一、检查复习，质疑导学

1. 同学们还记得上节课学习了什么内容吗?

2. 大家这节课想要解决什么问题呢?

指名说。

3. 看来，同学们的想法跟老师是一样的，老师把同学们的问题归纳一下，可以整理为这样几个问题：

（1）彼得的梦想是什么？他是怎样实现梦想的？

（2）彼得的真金指的是什么？课文告诉我们什么道理？

二、合作探究，解决问题

合作探究（一）

读课文第四、五自然段，小组内讨论：彼得的梦想是什么？他是怎样实现梦想的？

小组汇报。

1. 出示图片。说一说，你看到了什么？假如你就是彼得，看到这样的情景，会想到什么呢？

2. 师：彼得看着，想着，想着，看着，他若有所悟。谁来读一读这段话？

出示："这里没找到金子，"彼得若有所悟，"但这土地很肥沃，我可以用来种花，人们一定会买些花来装扮自己的客厅。如果真是这样的话，用不了几年我就会成功的……"

3. 指导朗读。

4. 过渡：一场大雨过后，彼得决定靠种花实现自己的梦想。他是怎样种花的呢？我们来学习第六自然段。

合作探究（二）

自由读课文第六自然段，思考：彼得是怎样培育花苗的？

选择下面的一句或几句，在小组内练习说一说：

彼得把自己的全部精力都用来培育花苗。

清晨，小鸟都还没有起床，彼得 ________；

中午，骄阳似火，________________；

晚上，________________。

1. 全班交流汇报。

2. 彼得就是这样辛勤地劳动着，一年，两年，三年，整整五年过去了。我们来参观一下彼得现在的花园。（出示鲜花图片）看到这么多美丽的花，你能想到哪些词语呢？

3. 彼得实现梦想后，是怎么说的？谁把课文中的句子读一读。

出示：他不无骄傲地对人说："我是唯一找到真金的人！我的金子就在这块土地里。"

4. 理解"不无骄傲"的意思？指导朗读。

探究（三）

课文中的"真金"指的是什么呢？请同学们在小组内讨论交流。

汇报。

三、拓展延伸，举一反三

同学们，学习了这篇课文，你明白了什么道理呢？其实彼得并不是唯一寻到真金的人，在美国西部大开发中，还有其他人也获得了成功。

1. 一个叫李维的小伙子见许多淘金工人的裤子容易磨损，便用帆布做出结实耐磨的裤子卖给工人，他也成为富有的人。这种结实耐磨的裤子就是我们现在的牛仔裤。

2. 你有什么梦想？你打算如何实现自己梦想？

出示填空：

我有一个梦想，

一个很美的梦想，

那就是________。

为了实现这个梦想，

我会______________，

我相信，只要________________。

就一定能够梦想成真!

3. 老师准备了一些名言，送给大家。

（1）坚持到底必能成功，半途而废一无所获。

（2）劳动的手能够把石头变成金子，不劳动的手能够把金子变成石头。

（3）一分耕耘，一分收获。

（4）世上无难事，只怕有心人 。

指名读。齐读。

4.同学们,让我们记住彼得给我们的启示,用勤劳的汗水去浇灌成功的鲜花,祝每一个同学都能梦想成真!

四、检测评价，当堂达标

请同学们拿出补充习题，完成22课第四题。

九寨沟（第二课时）

教学目标

1. 正确、流利、有感情地朗读课文。背诵课文第 3、4、5 自然段。

2. 了解九寨沟美丽的自然景色，激发学生热爱大自然热爱祖国秀丽山河的思想感情。了解最后一个自然段在全篇中所起的作用。

教学重难点

抓住文中的重点语句，理解课文，感悟九寨沟的神奇美丽。

教学流程

一、检查复习，质疑导学

1. 出示词语。

林深叶茂 体态粗壮

高低错落 憨态可掬

五彩缤纷 若无其事

色彩斑斓 行动敏捷

蔚为壮观 异兽珍禽

（1）每组6号开火车读。

（2）说一说，你发现了什么规律？（第一竖排与景物有关，第二竖排与动物有关。）

（3）那么，在课文中，哪个自然段主要写景物的？哪个自然段主要写动物的呢？

（课文第三自段写景，第四自然段写动物。）

过渡：让我们一起走进九寨沟，欣赏那里优美的景色。

二、合作探究，解决问题

合作探究（一）

1. 自由朗读第三自然段，找出文中主要写了哪些景物，把它圈出来。（自主完成）

2. 这些美景有什么特点？用横线画出关键的词语。（对子交流）

3. 想一想，这段话详细写了哪种景物？为什么要详写？文中是怎样描述的？（组内交流）

4. 选择你最喜欢的句子，美美地读几遍；

汇报交流：

1. 课文主要介绍了哪几种景物？

板书：雪峰 湖泊 瀑布

2. 雪峰有什么特点？

3. 湖泊有什么特点？

4. 九寨沟的湖泊多，瀑布也多。九寨沟的瀑布是什么样的？你能找出这些关键的词语吗？

5. 这段话中，哪种景物描写得最详细呢？

出示图片。有句话叫“五岳归来不看山，九寨归来不看水”。大家想一想，作者为什么要重点描写湖泊呢？

（水是生命之源，水是九寨沟的灵魂，没有水就没有雪峰，没有瀑布，没有森林，也没有这些珍稀动物。）

6. 课文是怎么样描写湖泊的呢？

出示图片。这些湖泊有的大，有的小，这是湖泊的形状，课文中的词语叫——大大小小。

7. 出示句子：大大小小的湖泊，像颗颗宝石镶嵌在彩带般的沟谷中。

这是一个什么句子？把什么比作什么？同学们，当你看到宝石时，会有一种什么样的心情？谁能带着这样的心情读一读。

8. 这么美的句子，你能很快地背下来吗？

9. 课文还从哪些方面来描写湖泊的呢？

色彩，找出文中描写色彩的词语。

10. 出示图片，说一说，你还能想到哪些描写色彩的词语。

出示：大大小小的湖泊，像颗颗宝石镶嵌在彩带般的沟谷中。湖水清澈见底，湖底石块色彩斑斓。从河谷至山坡，遍布着原始森林。每当天气晴朗时，蓝天、白云、雪峰、森林，都倒映在湖水中，构成了一幅幅五彩缤纷的图画，难怪人们把这些湖泊叫做“五花海”“五彩池”呢。

11. 指导朗读。大家觉得这里的湖泊美不美啊？你们喜欢吗？能读得让别人也喜欢吗？

12. 比一比，谁能用最短的时间把它背下来。

过渡：咱们一边欣赏美景，一边向九寨沟纵深处行进，看一看我们还可能遇到哪些有趣的动物。

合作探究（二）

1. 用你喜欢的方式读课文第四自然段，圈出文中描写的动物名称。（独立完成）

2. 用“.”标出表示它主要特点的词语。（对子交流）

3. 思考：我们一定能看到这些动物吗？为什么？（组内交流）

4. 选择你最喜欢的一种动物读一读，读出喜欢的感觉。

交流：

1. 指名回答文中描写了哪几种动物？

板书：金丝猴、羚羊、大熊猫、小熊猫

2. 说一说金丝猴的特点。

欣赏图片，出示句子：也许，就在不远处，有一只体态粗壮的金丝猴，正攀吊在一棵大树上，眨巴着一对机灵的小眼睛向你窥视。

理解窥视，偷偷地看，既然是偷偷地看，我们就要轻轻地读，不能被别人发现了。

3. 说一说羚羊、大熊猫、小熊猫的特点。

比较大熊猫和小熊猫的图片，知道它们是不同的两种动物。

出示：也许，你还会看见一只行动敏捷的小熊猫，从山坡跑下谷底，对着湖面美滋滋地照镜子。

4. 这是一只爱美的小熊猫，你能把它爱美的特点读出来吗？

这些可爱的小动物，你喜欢哪一种呢？你能把描写这种动物的句子背下来吗？

5. 这些小动物是如此可爱！那么，我们来到这里，是不是就一定能看到呢？（不一定吧，你看着一段话用了四个“也许”。）

6. 为什么不一定能看到这些动物呢？

三、拓展延伸，举一反三

1. 你知道吗？全世界的大熊猫和金丝猴不过 1000 余只，小熊猫也不过万只，羚羊多一点，也只有 4 万多只，它们是名副其实的异兽珍禽。

2 我们除了可以看到这几种动物以外，也许还会看到哪种动物呢？请你接着往下说一说。

小结：同学们，这节课我们来到了神奇的九寨沟，那里雪峰插云、古木参天、平湖飞瀑、异兽珍禽数不胜数，难怪作者会说——

出示：雪峰插云、古木参天、平湖飞瀑、异兽珍禽……九寨沟真是个充满诗情画意的人间仙境呀！

想一想这段话在全文中起什么作用？

四、检测评价，当堂达标

完成补充习题第四题。

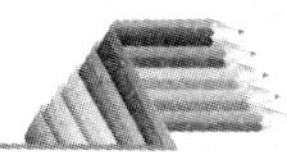

开天辟地（第一课时）

教学目标

1. 认识 8 个生字，会写 9 个生字。理解由生字组成的词语。

2. 正确、流利地朗读课文。引导学生概括文章的主要内容。

3. 了解神话故事想象丰富的特点，激发学生阅读神话故事的兴趣。

教学重难点

学习课文中的生字，理解词语意思，概括课文主要内容。

一、检查预习，质疑导学

1. 同学们，我们来玩个看图猜故事的游戏，好不好？（出示：嫦娥奔月、女娲补天、夸父追日、精卫填海、后羿射日）大家齐答。

2. 你们知道这些故事都是什么故事吗？答：神话故事

3. 知道什么叫神话故事吗？这么多同学举手，我请精神状态最好的 × 组派代表来回答。（你介绍得真好！加分。）老师课前也查阅了资料，出示，谁来读一读。

4. 这节课，我们就来学习一篇精彩的神话故事，跟老师一起板书课题。

13. 开天辟地（辟是这篇课文中的一个生字，先写——尸，下面放个——口，右边是——辛苦的辛，辟的意思是——开，开天辟地就是开辟——天地）谁来读课题？多么有力量的题目呀！谁再来读？好，大家齐读！

5. 读了课题，你想知道什么？

A 谁开天辟地？

B 为什么要开辟天地？

B 怎样开天辟地的？

C 之后的结果怎么样？

6. 我们就带着这些问题走进课文。谁来读一读学习要求。

出示：请同学们自由朗读课文，关注课前的预习要求：

（1）读准字音，认清字形，读通课文。

（2）画出生字新词，想想它们在句子中的意思。

7. 检查自读情况。

（1）出示生字

昏 凿 崩 浊 躯 岳 脉 顷

辟 丈 斧 厚 柱 拢 竭 液 肤

你认为哪个字读的时候要注意？（崩、顷、拢都是后鼻音。感谢你，）跟着 × 老师读一遍，还有需要强调的吗？浊、丈、柱翘舌音，说得真好！你做小老师带大家读一读！谁还要补充？斧和肤，一个第三声，一个第一声。你观察得真仔细！现在有信心读准它们吗？

请每组 6 号起立，开火车读，相机加分。

（2）出示词语。

混沌　雷霆　冉冉上升

使劲　血液　皎洁明媚

崩裂　筋脉　纵横交错

巍峨　甘霖　万顷良田

教师着重指导：“血液”的“血”读 xuè。

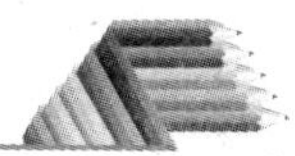

请每组 5 号开火车读，齐读。

（3）交流理解的词语。

巍峨：形容山或建筑物的高大雄伟，课文中是形容谁的高大雄伟？

雷霆：声音很大的雷。

皎洁:（月亮等）明亮而洁白。

甘霖：久旱以后所下的雨。

纵横交错：横一条，竖一条，相互交叉。

还有很多同学想要说出自己的理解，我们把这些词语带入到课文中去进一步理解它，好吗？我们把这些词语齐读一遍。

（4）老师在读这篇课文时，发现有两个句子特别难读，你能读好吗？

出示：

1. 这样又过了一万八千年，天升得极高了，地变得极厚了，盘古的身体也长得极长了。

2. 临死的时候，他的身躯化成了万物：口中呼出的气变成了风和云，发出的声音变成了轰隆的雷霆，左眼变成了光芒万丈的太阳，右眼变成了皎洁明媚的月亮，隆起的肌肉变成了三山五岳，流淌的血液变成了奔腾的江河，筋脉变成了纵横交错的大道，皮肤变成了万顷良田，就连流出的汗水也变成了雨露甘霖。

自由练读，指名读。（难读的两个句子被我们读会了，下面我们请每组的 3 号开火车读课文。）

每组 3 号分段读课文。

8. 课文读完了，谁来说一说，课文主要写了一件什么事情？

出示：很久很久以前，整个宇宙（　　），有个叫（　　）的大神，以他的（　　）和（　），开辟了天地，化生出（　　）。

自由练说，指名说。师小结。相机板书：盘古 化生万物

师质疑：同学们，盘古为什么要开辟天地呢？

指名说。

二、合作探究，解决问题

自由读第一自然段。

1. 想象混沌一团的天和地会是怎样的一番景象呢?

2. 小组交流：如果我们就生活在这个混沌的世界里，会感觉怎么样？

汇报。

1. 同学们想象一下，混沌是什么样子?(就像上大雾似的，模模糊糊，看不清楚，引导学生说出当时没有光明，没有水，没有山，什么都没有。)

2. 害怕(请你读这一段)

无聊(请你读这一段)

孤单、难过(请你读这一段)

让我们带着害怕、无聊、孤单、难过的心情齐读这句话。

(生齐读)。

3. 小结：这节课，我们初读了课文，知道了盘古为什么要帮我们开天辟地。那么他到底是怎样开天辟地，化生万物的呢？我们下节课继续研究。

三、拓展延伸，举一反三

今天,我们所学的课文是一篇神话故事。我们学校有一本校本教材,叫做《中国古代神话传说精选》，同学们课后可以去认真地读一读。

四、检测评价，当堂达标

1. 我们来看一下这篇课文的生字，你认为哪个容易写错，想提醒大家的呢?指名说。

2. 写习字册。

3. 小组评价。我们一起来看看这节课的冠军小组花落谁家？

放飞蜻蜓（第二课时）

教学目标

1. 正确、流利、有感情地朗读课文。

2. 凭借对课文内容的朗读感悟，了解有关蜻蜓的科学知识，懂得蜻蜓是人类的好朋友，激发学生保护有益动物的情感，体会陶行知先生对儿童的尊重和爱护。

教学重点

了解有关蜻蜓的科学知识，体会陶行知先生对儿童的尊重和爱护。

一、检查复习，质疑导学

1. 认读词语。

慈爱 抚摸 保持 七嘴八舌

复杂 结构 入神 成千上万

2. 简要复述课文主要内容。

陶行知先生看见一群孩子（捉蜻蜓），就引导他们认识（蜻蜓是人类的朋友），最后孩子们（放了蜻蜓）。

板书：捉

认识 蜻蜓

放

3. 质疑：同学们还有什么问题吗？

（陶先生是怎样引导孩子们认识蜻蜓的？蜻蜓有什么作用？陶先生是一个怎样的人？）

二、合作探究，解决问题

合作探究（一）

1. 自由读课文，找一找陶行知问了孩子们哪几个问题？用“____”画出来。（独立完成）

2. 通过陶行知和孩子们的谈话，你知道了蜻蜓的什么特点？从哪里知道的？（对子交流）

3. 找出描写陶行知说话时的神态、动作的词句，用“～～～”画出来，体会一下，陶行知是一位怎样的人？（小组交流）

汇报交流。

1. 小组汇报。

（1）出示两个问题。女生读第一个，男生读第二个。

（2）追问：你们知道蜻蜓吃什么吗？

指名说。

（3）出示句子。指名读。

（4）谁能把最后一句改为不带问号的句子。

2. 出示填空。

（1）出示段落。齐读。

（2）问：听了陶先生的讲解，孩子们决定怎么做呢？

指名回答。

（3）出示句子。指名读。

理解异口同声的意思。

追问：两个“放了它”说明了什么？

出示句子一：从“慈爱、抚摸”可以看出陶先生是个和蔼可亲的人。

出示句子二：从“小心地”，可以看出他富有爱心。

出示句子三：商量的口吻，说明他很尊重学生。

三、拓展延伸，举一反三

1. 蜻蜓真的会吃自己的尾巴吗？

蜻蜓是由于生殖的需要，才咬自己的尾巴，看起来像“吃尾巴”，其实并没有吃掉。

2. 蜻蜓点水是怎么回事？

蜻蜓点水是蜻蜓妈妈在生儿育女，它们是往水里产卵，繁殖后代呢！

3. 欣赏图片。看着这么美丽的蜻蜓，你能想到哪些关于蜻蜓的诗句呢？

4. 出示诗句。

日长篱落无人过，
唯有蜻蜓蛱蝶飞。
——范成大

小荷才露尖尖角，
早有蜻蜓立上头。
——杨万里

齐读。

四、检测评价，当堂达标

完成补充习题第三题。

九色鹿（第二课时）

教学目标

1. 引导学生通过抓住关键词读懂课文，领悟九色鹿救助他人，不图回报的品质。谴责调达背信弃义、恩将仇报的可耻行径。

2. 让学生在自主学习的情境中，通过多种形式的朗读，体会文章的思想感情，明白做人要恪守信用的道理。

教学重难点

抓住文中描写人物动作、语言的语句，体会人物形象，领悟恪守信用的道理。

教学流程

一、检查复习，质疑导学

1. 同学们，今天我们继续学习民间故事《九色鹿》。齐读课题。

2. 这篇课文主要讲了一件什么事呢？

出示：这是一个民间故事，写（　　）救了一个落水人，落水人名叫（　　），

他发誓（　　　　　　），但在金钱面前，落水人（　　）出卖了（　　），最后受到了（　　）。

3. 这篇课文中的两个主人公分别是谁呢？板书：九色鹿　调达

4. 质疑：同学们在这节课想了解什么呢？

二、合作探究，解决问题

合作探究（一）

自由读课文。思考：这是一只（　　）的九色鹿？调达是一个（　　）的人？

学法指导：

1. 用“___”画出关键的词语或句子，多读几遍，把你的体会写在书上。

2. 小组交流。

汇报一：认识九色鹿。

预设 1. 这是一只美丽的九色鹿。

出示：在一片景色秀丽的山林中，有一只鹿。它双角洁白如雪，身上有九种鲜艳的毛色，漂亮极了，人们都称它九色鹿。

（1）从这句话可以知道九色鹿的外表很美。学生板书：美丽

（2）你能读出他的外表美吗？指名读、齐读。

预设 2. 这是一只勇敢的九色鹿。

出示：九色鹿立即纵身跳进河中，将落水人救上岸来。

（1）你能从中体会出什么？（板书：勇敢）你从哪些词语体会到九色鹿的勇敢？

（2）“立即”说明什么？

（3）当时的情景是怎样的呢？谁来说一说。

出示：这天，九色鹿在河边散步。突然，耳边传来“救命啊，救命”的呼喊，只见一个人在汹涌的波涛中奋力挣扎。

你觉得调达的处境怎么样？万分危急，性命危在旦夕。谁来读一读。

九色鹿毫不犹豫，奋不顾身，勇敢救人。读——

预设 3. 这是一只善良的、不图回报的、无私的九色鹿。

出示：九色鹿打断了调达的话，说："我救你并不是要你做我的奴仆。快回家吧。只要你不向任何人泄露我的住处，就算是知恩图报了。"

（1）从这段话中你能体会到九色鹿怎么样？（板书：无私）

（2）九色鹿救了调达，可它却不要任何的回报，它的要求就是——让调达不要说出自己的住处，这算不算要求？可见，九色鹿的……（板书：不求回报，善良）

（3）你能读出他的无私、善良、不求回报吗？

预设 4. 这是一只沉着冷静、处变不惊、临危不惧、大义凛然的九色鹿。

出示：九色鹿非常气愤，指着调达说："陛下，您知道吗？正是这个人，在快要淹死时，我救了他。他发誓永不暴露我的住地，谁知他竟然见利忘义！您与这种灵魂肮脏的小人一起来残害无辜，难道不怕天下人笑话吗？"

1. 读了这一段话，你有什么体会？相机板书。

2. "竟然"这个词语说明了什么？

谁能用"竟然"说一句话。

3. 指导朗读。

刚才，通过阅读，我们知道了这是一只美丽的、勇敢的、善良的、沉着冷静的九色鹿。接下来，我们再来看看调达是一个怎样的人？

汇报二：认识调达。

谁来说一说调达是一个怎样的人？

指名学生相机板书：见利忘义 恩将仇报 背信弃义

1. 这里的恩，指的是什么恩？（救命之恩）九色鹿救了调达之后，调达是怎么说的？谁来读一读。

落水人名叫调达，得救后连连向九色鹿叩头，感激地说："谢谢你的救命之恩。我愿永远做你的奴仆，终身受你的驱使……"

（1）读了这段话，你觉得调达是一个怎样的人？

（2）指导朗读。

2. 这里的信指的是什么？（调达的誓言）他是怎么起誓的？谁来说？

调达郑重起誓，决不说出九色鹿的住处，然后千恩万谢地走了。

（1）假如你是调达，你会怎么样发誓？

（2）指导读。

调达就是这样信誓旦旦，走的时候也是千恩万谢，对九色鹿有着说不尽，道不完的感激。

3. 这里的利又指的是什么呢？面对重金悬赏的皇榜，调达是怎么想的，怎么做的？

出示：调达看了皇榜，心想发财的机会来啦，就进宫告密。

（1）此时，调达的眼前出现了什么？对，是数不尽的金银珠宝，享不尽的荣华富贵。此刻，他忘记了___，忘记了____。

（2）通过调达一前一后两种态度截然不同的变化，你觉得调达是一个怎样的人？（板书：见利忘义、背信弃义、恩将仇报）

合作探究（二）

过渡：课文里除了写了九色鹿的美，调达的丑之外，还有两个人物，他们是国王和王妃，你觉得他们是什么样的人呢？小组讨论。

1. 出示：国王无奈，只好张贴皇榜，重金悬赏捕捉九色鹿。

“只好”这个词语说明了什么？

2. 谁能用“只好”说一句话。

3. 通过这句话，我们可以看出，国王是一个是非不分，没有主见的人。

4. 出示：国王非常惭愧。他斥责调达背信弃义，恩将仇报，并重重惩罚了他，还下令全国臣民永远不许伤害九色鹿。

从这句话，你体会到了什么？

三、拓展延伸，举一反三

1. 通过学习，我知道了，做人应该怎么样呢？（诚实守信）

谁来说一说你知道的关于诚信的名言。

师出示，齐读。

2. 推荐阅读四大民间故事。

同学们，《九色鹿》是我国优秀的民间故事。中国的民间故事还有很多，现在老师就向大家中国四大民间故事

（1）《梁山伯与祝英台》

（2）《白蛇传》

（3）《孟姜女哭长城》

（4）《牛郎织女》

请大家利用课余时间回去读一读，多了解一些中国的民间传说。

四、检测评价，当堂达标

读了这篇课文，老师被九色鹿深深地感动了，老师写了一首诗，不过没有写完，你们愿意帮助老师完成吗？

歌唱九色鹿

九色鹿呀，九色鹿，一只（　　）的鹿，

你双角（　　　　），身披（　　　　）。

九色鹿呀，九色鹿，一只（　　）的鹿，

你救起了（　　　　）而又（　　　　）。

九色鹿呀，九色鹿，一只（　）的鹿，

你揭露（　）斥责（　　），临危不惧。

九色鹿呀，九色鹿，你的美好形象令人（　　），

我要放声把你歌唱！

板书设计：

22 九色鹿

九色鹿	调达
勇 敢	见利忘义
善 良	背信弃义
机 智	恩将仇报

神奇的克隆

教学目标

1. 能正确、流利、有感情地朗读课文。

2. 了解克隆技术的发展、成就和意义，激发学生勤于思考、热爱科学的情操。

教学重难点

体会“克隆”的含义及其奇妙。

教学流程

一、检查复习，质疑导学

1. 上节课我们读了《神奇的克隆》这篇课文，课文向我们介绍了什么内容呢？谁来看着屏幕说一说。

2. 质疑：同学们这节课还想了解些什么呢？

3. 这节课，就让我们带着这些问题走进课文，继续去感受克隆的神奇。

二、合作探究，解决问题

合作探究（一）

自由朗读课文 3 至 5 自然段。思考：这些生物是怎样克隆的？

（自主阅读——独立思考——小组交流）

汇报：

1. 首先来看植物，谁来为我们介绍一下哪些植物有先天克隆的本领？

（板书：植物）

从一棵大柳树上剪下几根枝条插进土里，枝条就会长成一株株活泼可爱的小柳树；

把马铃薯切成许多小块种进地里，就能收获许多新鲜的马铃薯；

把仙人掌切成几块，每块落地不久就会生根，长成新的仙人掌……

小结：课文举了哪几个例子来说明植物有先天克隆的本领？这样的说明方法叫做举例子。

一些植物还可以通过压条或嫁接培育后代。凡此种种，都是植物的克隆。

2. 拓展：那么什么是嫁接？什么是压条？

压条：将植物的枝、蔓压埋于湿润的土壤中，待其生根后与母株割离，形成新植株的方法。

看图片理解。

嫁接：即把一种植物的枝或芽，嫁接到另一种植物的茎或根上，使接在一起的两个部分长成一个完整的植株。

看图片理解。

说一说，你还知道哪些植物具有克隆的本领？

出示课件了解。

3. 单细胞微生物又是如何克隆的呢？（板书：微生物）

4. 植物和单细胞微生物先天具备克隆的本领，但是高等动物却不能自已克

隆。科学家有办法吗?

板书：高等动物

1996 年，英国科学家成功地克隆出了世界上第一只克隆羊。

小结：这里介绍克隆分别从哪几个方面来说明的呢？这样的说明方法叫做分类别。

我们来看看人类还克隆出了哪些动物呢?

过渡：这是一项了不起的成就，轰动了当时的科学界。那么，这项技术对人类有哪些好处呢?

合作探究（二）

读课文 6 至 8 节，思考：克隆技术是怎样造福人类的?

（自主阅读——独立思考——小组交流）

汇报：

1. 培育优质、高产的粮食、蔬菜。

2. 培育品质优良的家畜。

3. 挽救濒危物种。

4. 培植人体“配件”。

仿写句子。

克隆技术可以根据需要培育出优质、高产的粮食、蔬菜新品种，也可以培育大量品质优良的家畜，大大提高饲养效率，还可以挽救一些濒危物种。

克隆技术是一项造福人类的科技成果：它可以 ______ 也可以 ______ 还可以 ____________。

5. 同学们，文中只列举了现在已知的一些克隆技术，但是关于克隆，还有许多未知的领域等着我们去探索，它的前景是诱人的。齐读最后一段。

6. 学了这篇课文，谁来说一说克隆神奇在什么地方呢？课文是按照什么顺序介绍克隆的?

三、拓展延伸，举一反三

关于克隆技术可以造福人类，你还了解哪些？

四、检测评价，当堂达标

如果你是一位克隆专家，你会克隆什么？

板书设计：

8 神奇的克隆

举例子　　分类别

植 物→微生物→高等动物

造福人类　前景诱人

三顾茅庐（第二课时）

教学目标

1. 能正确、流利、有感情地朗读课文，背诵课文的第三、四自然段。

2. 能说出比喻句中用来比喻的事物与被比喻的事物之间的关系。

3. 能够理解课文内容，凭借课文中人物的语言、动作、神态等，体会文中的对比烘托，感受刘备访求贤才的虔诚和诸葛亮的雄才大略。

教学重难点

凭借课文中人物的语言，动作，神态等，通过读、思、悟、提升情感，感受刘备三请诸葛亮的诚心诚意。

教学流程

一、检查复习，质疑导学

1. 齐读课题。

2. 谁来说一说“三顾茅庐”是什么意思？

3. 同学们，刘备前两次去拜访，都因为没有见到诸葛亮而失败，第三次拜访终于取得了成功，你们觉得刘备拜访能够取得成功的原因是什么？（诚心诚意）

板书：诚心诚意

4. 质疑：同学们对于这篇课文还有哪些疑问呢？

二、合作探究，解决问题

1. 刘备两次去拜访诸葛亮，都没有见着。他决定第三次去隆中。这时，他的结拜兄弟张飞不高兴了。张飞是怎么说的，谁来读一读。

[屏显]张飞嚷道："这次用不着大哥亲自去。他如果不来，我只要用一根麻绳就把他捆来了！

从这句话，我们可以看出张飞是个怎样的人？

指导朗读。

2. 同学们，能把他的人捆来，能捆来他的心吗？（不能）所以，刘备生气地批评了张飞。

板书：批评张飞。

谁来读一读他是怎么批评张飞的。

出示：刘备生气地说："你一点儿也不懂尊重人才，这次你就不要去了！"

指导朗读。

这篇课文主要写刘备拜访诸葛亮，这里为什么要写张飞的无礼呢？请同学们在小组内讨论一下。

汇报。

板书：反衬。

男女生分角色读。

小结：这段话是通过描写批评张飞来反衬刘备的诚心诚意，从侧面描写刘备对诸葛亮的尊重。

3. 经过刘备的批评，张飞答应不再无礼，兄弟三人一起来到了隆中。他们

首先看到的什么呢？

出示：他们来到隆中，只见那里的山冈蜿蜒起伏，好像一条等待时机腾飞的卧龙。冈前几片松林疏疏朗朗，潺潺的溪水清澈见底，茂密的竹林青翠欲滴，景色秀丽宜人。

（1）这是一句比喻句。把什么比做什么？

（2）理解蜿蜒起伏，指导朗读词语。

（3）其实真正等待腾飞的是——诸葛亮。

（4）为什么这么说？读读这里写景的句子。

（5）理解“疏疏朗朗”“青翠欲滴”

（6）这里景色“秀丽宜人”，谁来把它读美了？

（7）噢，真是一块宝地啊，通常这样的地方都是隐居着高人的，这个高人就是——诸葛亮，他就是一条——等待时机腾飞的卧龙。

（8）齐读。

试着背一背。指名背，齐背。

4. 刘备来拜访诸葛亮，他的哪些做法让你感受到诚心诚意，感受到对诸葛亮的尊重呢？

相机板书：下马步行

轻轻敲门

阶下等候（恭恭敬敬）

等了很久

快步走进

5. 理解半晌工夫、一个时辰。

6. 为什么叫关羽和张飞在门口休息呢？

7. 这些做法让我们深深感受到了刘备的诚心诚意，对诸葛亮的尊重。谁来读一读。

出示：

齐读。

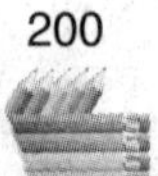

离诸葛亮的住处还有半里多路，刘备就下马步行。到了诸葛亮的家，刘备上前轻轻敲门。出来开门的童子告诉刘备，诸葛先生正在草堂午睡。刘备让童子不要惊醒先生，吩咐关羽、张飞在门口休息，自己轻轻地走进去，恭恭敬敬地站在草堂的台阶上等候。等了半晌工夫，诸葛亮翻了一个身，又朝里睡着了。又等了一个时辰，诸葛亮才悠然醒来。刘备快步走进草堂，同诸葛亮见面。

三、拓展延伸，举一反三

1. 等了这么长的时间，刘备终于见到了诸葛亮。同学们，你们知道当时天下的形势是什么样子的吗？课文第四段中有一个词语，谁找出来了？理解“群雄纷争”。是啊，这样复杂的形势，让刘备云里雾里，不知如何是好。我们一起来听听孔明先生的高见。

出示：

曹操拥有百万大军，不能与他较量。

孙权占据江东，已经历了三代。江东地势险要，民众归附，只能以他为外援，而不可谋取他。

荆州是兵家必争的地方，但是他的主人刘表不能守住，益州有险要的关塞，有广阔肥沃的土地，但君主昏庸。

2. 同学，假如你是刘备，听到诸葛亮这样的分析，会怎么样想，怎么做呢？小组交流一下。

3. 汇报。

小结：是啊，这就是诸葛亮提出的三分天下，最后取胜的策略。听了诸葛亮的分析，刘备感觉怎么样？

出示：刘备听了茅塞顿开，像拨开云雾见到了青天。

4. 板书：茅塞顿开，理解茅塞顿开。

5 出示：

诸葛亮分析了群雄纷争的形势，提出了三分天下，最后取胜的策略。刘备听了茅塞顿开，像拨开云雾见到了青天。

齐读、试背、齐背。

四、总结课文，布置作业。

1. 小结：诸葛亮是一个难得的人才，刘备又十分尊重人才。于是，就有了《三顾茅庐》这样一个被后人传为佳话的故事。

2. 课后作业：

（1）背诵课文第三、四自然段；

（2）读一读《三国演义》这本书。

板书设计：

三顾茅庐

下马步行

诚心诚意　轻轻敲门　茅塞顿开

阶下等候

快步走步

望洞庭（第二课时）

教学目标

1. 学会《望洞庭》诗中出现的生字，能结合注释理解词义。

2. 通过品读，想象《望洞庭》古诗词所描绘的画面，感悟意境，感受古诗词的语言美、韵律美。

3. 在交流体会描写月夜洞庭的美景时，随机指导学生有感情地诵读，体会作者的情怀。背诵《望洞庭》。

教学重难点

理解“两相和”“白银盘”和“青螺”，想象诗人笔下的月夜洞庭水天一色的画面美，感悟诗境，体会形象的比喻。

教学流程

一、检查预习，质疑导学

1. 今天，我们来学习《望洞庭》。

2. 谁能给大家简单介绍一下洞庭湖？我们来看一看关于洞庭湖的介绍。出示课件 1（洞庭湖简介）。这么美丽的地方，大家想去看一看吗？出示课件 2（洞庭湖图片），今天，老师就带大家去洞庭湖走一走，领略一下洞庭湖的美景。

3. 洞庭湖的景象非常迷人，从古至今有无数文人墨客被它吸引，写下了许多描写洞庭的美诗佳句。在一千三百多年前，唐朝有位大诗人来到了洞庭湖附近，看到了这样一幅美景，不禁诗兴大发，写下了一首千古传颂的佳作。我们来听一听播音员阿姨的朗诵！（多媒体配乐朗诵。）

4. 知道这首诗是谁写的吗？谁能来给大家介绍一下。出示作者简介。

5. 刘禹锡被誉为诗豪，诗豪的作品，谁想来读一读。教学磨和螺，并组词。

6. 质疑：别看这首诗只有短短的四句，里面的学问可不少哦，同学们在读的过程中，有没有问题呢？

二、合作探究，解决问题

合作探究（一）

1. 诗中写的是什么时候的景色？写了哪些景色？

2. 想象一下，你仿佛看到了什么样的美景，用一些四字词语来形容你看到的景物。

汇报交流：

1. 同学们读出时间了吗？（秋天的夜晚："秋月"）

2. 哪个小组读出当时作者眼前见到的景物了？湖水、明月、青山

出示图片。(湖光秋月图)（洞庭湖水清澈透明，与天上明月清光交相辉映，显得十分宁静、和谐）

3. "两相和"这里的"两"指的谁与谁？（湖光与秋月）相：相互；和：和谐。

4. 此刻，你仿佛看到了什么美景？用四字词语说一说。（湖光秋月如此"和谐"，水月澄洁，一片宁静的氛围，一派和谐之美。）（生：湖光山色、山青水秀、月明星稀、风清月朗、皓月当空、波光粼粼、银光闪闪、水平如镜、水天一色、

朦朦胧胧、宁静和谐。）

齐读词语。

5. 我们再来近距离看一下风平浪静的湖面。（出示平静的湖面图片。）这样的湖面就像什么呢？

感受“镜未磨”——风平浪静。（未：没有。）理解没有磨拭过的铜镜的迷蒙的样子）

6. 这里藏着一个精确的比喻，你读出来了吗？（把“潭面”比作“铜镜”）

这铜镜还没有打磨呢，有些模糊，有些迷蒙。为什么？（一是月光下不真切；二是浩阔湖面，涟漪轻起，波光粼粼。）

7. 你的眼前出现怎样的画面？（这湖面辽阔，波光粼粼，像一面硕大的没有打磨过的铜镜。）

8. 谁来说说这两句诗句的意思？尽量用上刚才积累的四字词语。

9. 谁能美美地把这两句诗读好？指名读，评价。

湖光 / 秋月 / 两相和，潭面 / 无风 / 镜未磨。

合作探究（二）

1. 诗人遥望的是什么？山水色中的“山”“水”分别指什么？

2. 你仿佛看到了什么？

汇报：

1. 诗人遥望的是洞庭湖的美景。相机理解“遥望”。可以看出诗人离洞庭湖有一段距离，是远看，所以诗的题目是《望洞庭》。

2. 山就是指君山，水就是洞庭湖。

3. 你看到了什么？（我看到了白银盘里放着个小巧玲珑的青螺，十分惹人喜爱。

4. 真美，把月夜下洞庭的山水变成了一个精美绝伦的工艺品。在这句诗中，诗人把什么比作什么？[把（洞庭湖）比作（白银盘）；把（君山）比作（青螺）。]

5. 你打算怎么读这两句？指名读，评价。让我们美美地读好这两句诗，齐读：

遥望 / 洞庭 / 山水色，白银 / 盘里 / 一青螺。

6. 这么美的诗句，请同学们读一读，看哪个小组最快把它背下来。

三、拓展延伸，举一反三

拓展延伸 1：

1. 洞庭秋月生湖心，层波万顷 (qǐng) 如熔（róng）金。

唐 · 刘禹锡《洞庭秋月行》

2. 明湖映天光，彻底见秋色。

唐 · 李白《秋登巴陵 望洞庭》

3. 风收云散波忽平，倒转青天作湖底。

清 · 查 (zhā）慎 (shèn) 行《中秋夜洞庭湖对月》

4. 应是水仙梳洗处，一螺青髻 (j ì) 鉴中心。

唐 · 雍陶《题君山》

拓展延伸 2：

君山的传说

相传在远古时代，洞庭湖中并没有岛。每当狂风大作、波浪滔天时，来往船只无处停靠，常被恶浪吞没，当地人民苦不堪言。这事引起了水下 72 位螺姑娘的同情。她们忍痛脱下身上的螺壳，结成一个个小岛，后来连在一起，就成了今天的君山。君山上的 72 峰，就是 72 位螺姑娘变成的。

正因为有了这样的传说，作者才把君山比作青螺。

四、检测评价，当堂达标

1. 课后练习 5。

2. 师生评价。

云雀的心愿（第二课时）

教学目标

1. 正确、流利、有感情地朗读课文，分角色朗读课文。

2. 学会本课 10 个生字，两条绿线内的两个字只识不写。理解由生字组成的词语。能用“可以 ...... 也可以 ......”造句。

3. 认识森林对环境保护的重要作用及破坏森林给人类带来的危害，培养学生的环保意识。

教学重难点

分角色认真朗读课文，从课文的语句中体会森林的重要性。

教学流程

一、检查复习，质疑导学

1. 这节课，我们继续学习第 19 课《云雀的心愿》。齐读课题。

2. 通过上节课的学习，我们知道云雀的心愿是什么呢？

指名回答。相机板书：沙漠————绿洲

出示：

> 小云雀一边听，一边不住地点头："森林实在是太重要了！明年春天，我一定邀上小伙伴，到那片沙漠上去种树，让沙漠重新变成绿洲。这是我的心愿。"
>
> "这也是妈妈的心愿。到时候，我跟你们一起去。"

指名读这两段话 .

3. 怎么样让沙漠变成绿洲呢？（板书：种树）

让沙漠重新变成绿洲，这不仅是小云雀的心愿，也是妈妈的心愿。

分角色读：男同学一起读小云雀的话，女同学读妈妈的话，叙述部分一起读。

4. 质疑：同学们在这节课还有哪些问题呢？

二、合作探究，解决问题

合作探究（一）

森林有哪些重要的作用？

1. 自由读课文 10 至 13 节，画出关键的词语或句子。

2. 在小组内交流你读书的体会。

3. 选出代表，全班汇报。

汇报交流。

1. 指导学生板书：蓄水 挡住雨水 吸收雨水 储存雨水

> "孩子，森林也是可以蓄水的呀。森林的树冠就像一把把大伞，可以挡住一部分雨水，不让它们直接冲刷地面。树干上的苔藓（xiǎn）和树下的枯枝败叶也可以吸收一部分雨水。森林里土壤的蓄水能力就更大了，剩下来的雨水渗进土壤，大都能够被储存起来。你看，森林不就是一座大水库吗？"

指名读。小组读。

在描写森林的作用时，先写树冠，再写树干和树下，最后写土壤，这是按照什么顺序写的呢？（从上到下）从结构上来说，是什么样的结构呢？

森林的树冠可以挡住一部分雨水，苔藓和枯枝败叶也可以吸收一部分雨水，土壤能够储存大量的雨水。大家说，森林的作用怎么样啊？

（2）这里在说森林的作用时，用了“可以……也可以……”的句式来说明树木一方面能挡雨，另一方面能吸收雨水。同学们能用“可以……也可以……”来说一句话吗？

2. 指导学生板书：空调器 夏天凉快 冬天暖和

出示：

“妈妈，我们的家真凉快呀！”

云雀妈妈擦去头上的汗水说：“那是因为森林也是一个巨大的空调器。夏天，林子里枝叶茂密，挡住了强烈的太阳光，自然就凉快些；冬天，由于树木的遮挡，林子里的热量又不容易散失，所以就暖和些。你看，森林像不像空调器？”

指名读。男女生分角色读。

3. 设疑：同学们，既然森林这么重要，我们应该怎么样呢？可是，有的人却不这么想，他们在干什么呢？我们来看图片。（出示图片）

你看到了什么？

同学们，我们说要保护森林，是不是一棵树都不能砍呢？不是，要合理地砍树，不能砍得太多。像这样行不行？（出示图片）

这样就叫做——板书：乱砍滥伐。

合作探究（二）

乱砍滥伐会带来哪些严重的危害呢？

读课文 2—8 节，画出关键的词语或句子；

在小组内交流你读书时的感受；

3. 选出代表，全班汇报。

汇报交流：

1.

> “这里的风沙真讨厌！”小云雀埋怨地说。
>
> “孩子，以前这里也是一片茂密的森林。后来由于人们乱砍滥伐，树木越来越少。土地失去了森林的保护，就慢慢地变成了贫瘠（jí）的沙漠”妈妈心疼地说。

理解贫瘠。

指名读，分角色读。

2. 同学们，我们来看一段视频。（播放视频）

你看到了什么？水流如同脱缰的野马，咆哮着冲去，冲垮了河堤，淹没村庄。这样的情景你害怕吗？谁来读一读。男生齐读。

> 只见大河的水位很高，浑黄的河水像脱缰的野马，咆哮着向下游冲去。有几处河堤被冲垮了，一些村庄淹没在洪水之中。

3. 同学们，你们知道河水泛滥成灾的原因吗？由此可见，森林的作用真是太重要了。实际上，除了课文中提到的作用，它还有很多的作用。你能来说一说吗？

三、拓展延伸，举一反三

1. 出示《一亩树林的作用》。指名读。

2. 同学们，学到这里，你想对光头强说些什么呢？你能用古今贤文中的一句话来劝告他不要再砍树吗？

3. 同学们，像光头强这样乱砍滥伐的人还有很多，遇到这种情况，我们应该怎么办呢？（劝阻他们）为了劝阻这些无知的人不要再胡乱砍树，我们先想一想森林有哪些重要的作用，再有条理地说一说。

四、检测评价，当堂达标

想一想森林有哪些重要的作用，再有条理地说一说。

春联（第二课时）

教学目标

1. 能够正确、流利地朗读课文，初步背诵出文中的五副春联。

2. 通过对课文的学习，初步了解春联的特点，懂得生活中处处有学问，诵读春联也是一种很好的学习。

3. 通过朗读感受音律美，领略祖国语言的无穷奥秘。

教学重难点

理解课文中出现的五副春联，让学生初步了解春联的特点。

教学流程

一、检查复习，质疑导学

1. 通过上节课的学习，我们知道春联有什么作用呢？

谁能看着大屏幕来说一说？

评价：看来，你上节课学得非常扎实。我们来一起读。

多种多样，说明春联多。万紫千红，说明春联美。板书：多，美。

2. 这篇课文向我们介绍了哪些春联呢？谁来说一说。

指名生说。师根据学生的回答评价：这幅春联描绘了美丽的春光，展现了祖国欣欣向荣的景象，歌颂了劳动人民幸福美好的生活，表达了人们对新的一年的美好祝愿。

3. 质疑：刚才老师说的都是这篇文章作者的体会，我们读了这些春联都有哪些感受或体会呢？

二、合作探究，解决问题

合作探究（一）

自由诵读五幅春联，想一想，你读懂了什么？你读了以后有什么感受或体会？用“读了_____，_____这幅春联，我_____________。”这样的句式说一说。

学法指导：先自由诵读，再独立思考，然后在小组内交流。

学生汇报。

1. 我仿佛看到，春天来了，小草绿了。杏花开了，梅花开了。我仿佛听到了小鸟的叫声。我知道了，人们希望每年平平安安，家庭和睦的人家很幸福……

评价：你真会读书！你真善于想象！你的想象力真丰富！你的语句真优美！你具有小作家的潜力！把你想说的写下来，将会一篇优美的文章。

2. 这些春联都蕴含着丰富的知识，你愿意读一读，把它们背下来吗？

3. 我们应该怎么样读春联呢？出示图片。

4. 观察一下，你发现了什么？从右往左读。贴春联也要把上联贴在右边，下联贴在左边。

5. 这是从位置的角度来说的，从语气和语调方面来说，我们应该怎么读呢？课文中有一个词语告诉了我们。

相机板书：抑扬顿挫。师范读。指名读，齐读，自由读，试背。

过渡：春联是一首诗，蕴含着丰富的知识；春联是一幅画，描绘了美丽的

风光；春联是一首歌，赞美了人们幸福美满的生活。读春联是一种美的享受，写春联也是其乐无穷。那么，我们应该怎么样写春联呢？

合作探究（二）

请大家默读第 2 自然段，想一想：我们应该怎么写春联？并举例说明。

学法指导：先默读课文，独立思考，然后在小组内交流。

汇报交流：

1. 讲究对仗。理解对仗：字数相等，词类相当。字数相等就是上联是 7 个字，下联也要 7 个字，上联 5 个字，下联也是 5 个字。

2. 词类相当就是词的意思差不多。如绿柳、红桃都是树。

在电子课本上圈点画注。

3. 大家都知道什么叫词类相当了吗？老师来考一考大家。

蓝天对（　）青山对（　）它们都是意思相近的词语。

白天对（　）上对（ ）左对（ ）它们都意思相反的词语。

看来，词类相当，不仅包括近义词，还包括反义词。

三、拓展延伸，举一反三

诵读一些名联，不仅能感受到其中的声律美，还可以领略祖国语言的无穷奥妙。除了课文中学过的，你还知道哪些春联呢？指名说。

2. 老师这里也有几副春联，不过是乱的，请大家一起来帮老师整理整理。

田园无限美	瑞雪兆丰年神州万象新
事业随春长	山河分外娇
花开富贵家家乐	九州同唱奋飞歌
万众共书开拓史	灯照吉祥岁岁欢
春风催旧岁华夏百花艳	风光逐日新

自由地读读这些春联。

2. 用这些春联填一填。

我们浏览着各种各样的春联，就像是漫游在万紫千红的白花园中。春联中有的赞美了自然风光，如“____________，____________”。有的展现了欣欣向荣的景象，如“____________，____________”。有的表现了人们奋发向上的精神，如“____________，____________”。有的歌颂了劳动人民美好的生活，如“____________，____________”。更多的是表达了人们对未来的美好祝愿，如“____________，____________”。

四、检测评价，当堂达标

1.______迎春，岁岁祝福。

2. 人勤春光美，家和______。

3. 小草萌芽思春暖，红梅傲雪斗____。

4. 风声雨声读书声声声入耳，______________________。

总结课文：通过这节课的学习，我们知道了春联的种类很多，读起来抑扬顿挫，给人一种美的享受。在写春联时要讲究对仗。今天的收获可真多啊！看来，只要我们打开书本就会有所收获，用课文中的词语叫做开卷有益。

同学们，生活中处处都有学问，只要我们留心观察，认真学习，就一定会有所收获，就一定能提高我们的语文水平。今天这节课就上到这里，下课！

高尔基和他的儿子（第二课时）

教学目标

1. 能正确、流利、有感地朗读课文，背诵课文。
2. 通过语言品读，感受父爱子、子爱父的人间亲情。
3. 激发诵读感悟之趣，初步懂得人生快乐在于付出的道理。

教学重难点

明白"'给'，永远比'拿'愉快……"这句话告诉我们的深刻道理。

教学流程

一、检查复习，质疑导学

1. 今天，我们继续学习 14 课，齐读课题。
2. 通过上节课的学习，我们知道课文主要写了哪两件小事？
3. 如果用一个字来形容高尔基和儿子之间的感情，你会用哪个字？（板书：爱）

3. 质疑：看着板书，你能提出怎样有价值的问题？

二、合作探究，解决问题

合作探究（一）

自由朗读课文 2 至 5 自然段。

边读边想：你从哪些句子感受到儿子爱父亲？又从哪些句子感受到父亲爱儿子？用横线画下来，重点词语下画上“△”。也可以在旁边写一写你的体会。

（自主阅读——独立思考——小组讨论）

汇报：

1. 抓住意大利、探望体会路途遥远也隔不断父子之间的深情，他非常想念父亲。

2. 只有……还……

体会 1：儿子年龄小，干活不容易。

体会 2：虽然小小年纪，却有这样的爱心、孝心，真是个懂事的好孩子。

3. 顾不上，一直。

体会 1：儿子不顾长途奔波的劳累，顾不上休息，为父亲栽种各种花。

体会 2：儿子想让花草来陪伴父亲，排解父亲孤独寂寞的心情。

4. 各种各样

体会 1：栽的花很多，吃了很多辛苦。

体会 2：儿子想让父亲欣赏到自己种的鲜花，希望父亲的身体早日康复。

指导朗读。你想不想夸夸他？通过你的朗读夸夸他吧。

过渡：刚才，我们从第二、三自然段里体会到了儿子对父亲的关爱，高尔基又是如何爱自己儿子的？你从哪儿可以体会到？我们继续交流。

1. “欣赏”。

体会 1：到高尔基不是一般的看，而是享受美好的事物。

体会 2：高尔基不仅是在“欣赏”花，还是在欣赏儿子的劳动成果。

体会3：欣赏儿子有爱心，孝心，勤劳，奉献。

说不出的高兴。

体会1：高尔基非常高兴，父亲被儿子的真情所感动了。

体会2：高尔基为有这样的儿子感到骄傲。

盛开的花儿多像儿子红扑扑的脸庞啊，表达了父亲对儿子的思念。

过渡：这些盛开的鲜花是多么美丽啊，同学们也想欣赏一下吗？

出示鲜花图片。

看到这些花，你能想到哪些词语？（五彩缤纷、五颜六色、色彩斑斓、万紫千红、芳香扑鼻……）

课文中哪段话描写了这幅图的美景？谁来读。

指导朗读。

试背。（填空式背）

过渡：欣赏着这样美丽的鲜花，高尔基是多么的高兴，对儿子又是多么的思念！不久，一封带着花香的书信，从意大利飞到了苏联。同学们想研究一下这封信的内容吗？

合作探究（二）

默读课文6至9自然段，在感受深刻的地方做批注，不懂的地方做上记号。

着重思考：

（1）信中两处提到“美好的东西”分别指什么？

（2）“给”，永远比“拿”愉快。“给”指什么？“拿”又指什么？

（自主阅读——独立思考——小组讨论）

汇报：

1. 第一个美好的东西指的是什么？（鲜花）

2. 第二个美好的东西是什么？（给别人的帮助，给别人带来的快乐，对别人的关心……）

3. 给是什么意思，拿是什么意思？

答案1：给是指：给予、付出、奉献。“拿”就是索取。

答案 2:“给”是指别人美好的东西，给别人帮助，给别人关心和真诚的奉献等。)“拿”就是索取。拿就是向别人要东西。

过渡：对于不同的人群，给具有不同的含义。我们来看几个句子。

三、拓展延伸，举一反三

1. 句子训练。

救灾战士的“给”是：从废墟中救出受灾的人们。

医生的“给”是：____。

老师的“给”是：________________。

清洁工人的“给”是：______________。

我的“给”是：________________________。

小结：这些人都为别人付出自己辛勤的劳动，但是他们的心情却是——愉快的。因为，给永远比拿愉快……

板书：给　　　愉快

过渡：高尔基不仅是一个伟大的作家，还是个懂得教育艺术的父亲。假如你是高尔基的儿子，你能理解父亲的良苦用心吗？（能）

四、检测评价，当堂达标

高尔基的儿子也明白了父亲的用意，他决定给父亲回信。回信的内容应该说些什么呢?

1. 告诉爸爸来信已经收到。

2. 很想念爸爸。

3. 想去看看自己栽种的花。

4. 告诉爸爸明白了帮助别人，付出关爱，给永远比拿愉快的道理。

5. 向爸爸回报自己在学校的学习情况。

6. 向爸爸讲述自己亲身经历的“给”比“拿”愉快的事情。

7. 希望爸爸的身体早点康复，早点回来。

……

小练笔：请你就其中的一两个方面，代替儿子给高尔基写一份简短的回信。

温馨提示：要注意书信的格式。

总结：同学们，通过学习这篇课文，我们明白了，人生的快乐在于付出，而不在于索取。希望大家做一个有益于社会的人，一个“让所有人都需要的人”。今天这节课就上到这里，下课。

清平乐·村居

教学目标

1. 正确、流利、有感情地朗读课文，背诵课文。通过反复诵读，体会词的韵律美和节奏美。

2. 通过诵读、想象，用自己的话说说词的意思。

3. 通过拓展资料，感受田园生活的安然闲适，理解词人对和平宁静生活的向往，激发学生对古典诗词的热爱。

教学重难点

理解词的意思，感受田园生活的安然闲适。

一、检查预习，质疑导学

1. 今天我们来学习 26 课《清平乐·村居》。齐读课题。

2. 说一说今天的课题与以往的课题有什么不同。

（有两个词语，"清平乐" 是词牌名，"村居" 是题目。）

3. 说一说你所了解的词。词，又称为"诗余""长短句"。它兴起于南朝，成形于晚唐，盛行于宋代；最早是一种配乐歌唱的诗，所以每首词都必须按一

定的歌谱填写，这歌谱叫词牌。

4. “村居”是这首词的题目，它是什么意思呢？

农村人家。

5. 这首词大家预习了吗？谁来读一读。

指 2 名学生读，齐读。

6. 看着课题，你能提出哪些有价值的问题呢？

（1）这家人的生活条件怎么样？

（2）他们的心情怎么样？

（3）他们为什么会有这样的心情？

二、合作探究，解决问题

自由读课文，思考：

（1）这家人的生活条件怎么样？

（2）他们的心情怎么样？

（3）他们为什么会有这样的心情？

在书上画出关键的词语或句子，在空白处写一写你的体会。

学法指导：自主阅读——独立思考——小组交流。

汇报交流：

1. 我们先来汇报第一个问题，哪个小组先来说一说这家人的生活条件怎么样？

（1）这家人的生活很艰苦。从茅檐低小可以看出来。

（2）从课文的插图也可以看出来，他们住的房子很窄小，而且他们一家五口人才住那么一点小的地方。说明他们家很贫穷，要是有钱的话就可以住大房子了。

（师评价：你不仅善于读课文，而且善于观察课文的插图，真是一个会学习的孩子。）

（3）指导读“茅檐低小”。读出抑扬顿挫，模仿古人摇头晃脑地读。

2. 在这样艰苦的生活条件下，他们的心情怎么样呢？哪个小组来汇报一下。

（1）他们的心情很好。从“相媚好”这个词语可以看出来。

理解“相媚好”：彼此之间很亲热。吴音：吴地的方言。

（2）从“白发谁家翁和媪”可以看出老爷爷和老奶奶年龄很大了，他们这以老了还这么亲热，说明他们生活得很幸福。

理解“翁和媪”。

（3）他们可能会对彼此说些什么呢？

A 老婆你真漂亮，还和年轻时一样好看。

B 老婆你做的饭真好吃。

C 老公，你真帅，比年轻时还好看。

D 老公，你真能干，每天都能抓到鱼给我和孩子们吃。

（4）从“醉”可以看出来他们的心情高兴。因为人在高兴的情况下会唱酒。

（5）这里的醉不一定是指喝酒，还可能是被美丽的乡村美景陶醉了。“溪上青青草，溪头卧剥莲蓬。”河水里长满了碧绿的荷叶和多姿多彩的荷花。我还想到“接天莲叶无穷碧，映日荷花别样红”这样的诗句。

指导读“溪上青青草”。

（6）被家庭和睦的幸福所陶醉了。大儿子很勤劳，他正在锄豆。想到“锄禾日当午，汗滴禾下土”。二儿子在织鸡笼。说明他很能干。小儿子很可爱，他正在“卧剥莲蓬”。

理解“卧”，换趴、躺行不行。

指导读“大儿锄豆溪东，中儿正织鸡笼，最喜小儿无赖，溪头卧剥莲蓬。”

（7）你最喜欢哪个孩子？为什么？

理解“无赖”的意思，原来指游手好闲，蛮不讲理的人。课文中指淘气可爱。

3. 学到这里，我们应该很自然地理解了他们为什么会觉得幸福。哪个小组来说一说。

（1）他们一家人在一起很开心，所以觉得幸福。

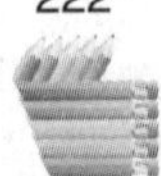

（2）幸福与金钱的多少无关，与房子的大小无关。

只要全家人都平安健康，就会幸福。

4. 在词人的眼中，这是一个怎样的村居？

练习说话：这是一个______的村居。

预设：充满温馨、幸福美满、安静祥和、清贫但幸福、无忧无虑的、清新秀丽、充满亲情、山清水秀的。

同学们，为什么这样一副贫穷而又简单的生活，在作者的眼中，是这么美好呢？我们来了解一下词人的简介。

三、拓展延伸，举一反三

1. 辛弃疾（1140—1207），南宋词人。字幼安，号稼轩，历城（今山东济南）人。

辛弃疾出生时，山东已经被金兵占领。他亲眼目睹了无数百姓在金人的统治下，饱受战乱之苦，家破人亡，妻离子散。辛弃疾一生坚决主张抗金，他所提出的抗金建议，都没有被皇帝采纳，还遭到主和派的打击。他的词以豪放为主，富有爱国热情。《清平乐·村居》就是他晚年遭受打击，志不得伸，归隐农村时所作。著有《稼轩长短句》。

看了他的简介，你知道这户人家为什么会觉得幸福吗？谁再来说说你的理解。

2. 我们以前还学习过一首古诗《村居》，大家比较一下诗和词在形式上有哪些不同？看谁说得全面？

预设：

（1）词有词牌名和题目。你还知道哪些词牌名？如“沁园春”“卜算子”“浪淘沙”“水调歌头”等。诗只有题目。

（2）词的句子有长有短，诗每一句字数相等。

（3）词分为上阕和下阕。

老师补充：有的诗词牌就是题目，而且不分上下阕如《忆江南》。

四、检测评价，当堂达标

1. 在古代，词是可以配乐歌唱的文体，就像我们现在的流行歌曲一样，可以配上你熟悉的曲调来唱唱。

2. 指名背诵。

3. 看图说一说这首词的意思。

装满昆虫的衣袋（第二课时）

教学目标

1. 引导学生抓住关键词句品读，有感情地朗读课文，体会法布尔对昆虫的迷恋。

2. 从法布尔的故事中受到启示，从小养成善于观察、善于发现的好习惯，培养热爱自然、热爱科学的志趣。

教学重难点

1. 引导学生紧扣文中描写法布尔迷恋昆虫的重点语句，在读中一步步走进人物的精神世界。

2. 深刻领悟题目的内涵，体会法布尔从小热爱大自然的情感。

教学流程

一、检查复习，质疑导学

1. 听写三组词语。

（第一组:“观察、闪烁、光泽”；第二组:“责骂、可恶、中毒”；第三组:“着迷、迷恋、痴迷”）

2. 对照大屏幕，看写得是否正确、漂亮。错误的抓紧订正，写得不够漂亮的就在旁边把字写得漂亮些。

3. 用上这些词语，说说你对课文的了解？

4. 质疑：通过上节课的学习，我们知道法布尔从就对小虫子非常着迷。（板书：着迷），大家有什么疑问呢？

二、合作探究，解决问题

合作探究（一）

读课文 2 至 6 自然段，画出描写法布尔对昆虫着迷的句子。在书上写一写你的体会。

（先自由阅读，再独立思考，然后在小组内交流）

1. 出示:“妈妈，我在这儿呢！瞧，我抓到了那只会唱歌的虫子！”）引导学生通过“会唱歌”体会法布尔对昆虫的喜爱。比较“那只”与“一只”的区别。

2. 读第 4 自然段。想象法布尔走在田野上可能会看见什么。

3. 读第 5 自然段，想想人物的心情。

4. 比较“这只甲虫个子小，颜色蓝。”和书上句子的区别。

5. 出示句子“法布尔高兴极了。他把这个小宝贝放进蜗牛壳里，包上树叶，装进自己的衣袋，打算回家后再好好欣赏。”

让学生说一说读懂了什么？指导朗读。

6. 文中哪个词语写出了法布尔的心情？ 生：甜滋滋的。

师：能换一个词语吗？ 生：美滋滋、喜滋滋、喜洋洋。

7. 理解“满载而归”。你什么时候满载而归过？

合作探究（二）

过渡：法布尔多么开心呀！可是，法布尔回到家里，等待他的又是什么呢？

请同学们用自己喜欢的方式读课文 7 至 10 节，说一说，法布尔的父母对他是什么态度？想一想，课文为什么用装满昆虫的衣袋作为题目。

（先独立思考，再小组交流）

交流：

1. 父亲责骂，母亲责备。

2. 分角色读。

3. 法布尔的心情怎么样。

出示句子：法布尔难过极了，眼泪刷刷地往下掉，很不情愿地把心爱的小宝贝放进了垃圾堆。

抓住放字，理解法布尔对昆虫的不舍之情。

指导朗读。

小结：父母的责骂丝毫没能阻止法布尔对昆虫的迷恋。

（板书：迷恋）

4. 课题装满昆虫的衣袋最能体现法布尔对昆虫的迷恋。

三、拓展延伸，举一反三

1. 正是法布尔对昆虫痴迷，（板书：痴迷）把他引进了科学的殿堂。齐读最后一段。衣袋高高鼓起，里面装着什么？

2. 课文中写了两件事，法布尔小时候对昆虫着迷的事可能还会有哪些呢？

小结：选择最典型、最能反映人物性格特点的一两件事来写就可以了，这叫记事有选择。（板书：记事有选择）

3. 叙事的时候要突出重点，不能平均用力，这叫有详有略。

（板书：有详有略）

小结：题目是《装满昆虫的衣袋》，在文章的结尾之处，再次与题目相照应，这样的写法叫点题。（板书：结尾点题）

四、检测评价，当堂达标

根据课文内容填空。

1. 法布尔从小就对小虫子非常（　　），文中类似的词语还有（　　）和（　　）。

2. 三天前，法布尔就告诉她，花丛里经常传出一种（　）的声音，不知是谁在（　　），现在，他（　）找到了这位“歌唱家”。

昆虫叫被法布尔说成是（　　），说明法布尔（　　　　　）。

3. 课文用装满衣昆虫的衣袋作为题目，是因为（　　　　　）。

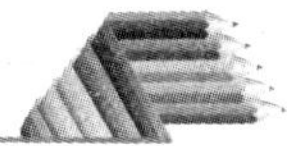

早（第二课时）

教学目标

1. 能正确、流利、有感情地朗读课文

2. 学习按方位顺序描写事物。

3. 通过课文语言材料，体会梅花的特点，了解以物喻人的写作方法，感悟鲁迅先生时时早、事事早的精神。

教学重难点

1. 学习按方位顺序描写事物。

2. 通过课文语言材料，体会梅花的特点和鲁迅先生时时早、事事早的精神。

教学流程

一、检查预习，质疑导学

1. 今天我们继续学习第 4 课，齐读课题。谁来说一说这篇课文的主要内容？《早》是一篇（　　）。课文主要写了（　　）（　　）和（　　）。

指名说，齐读。

2. 看着屏幕，你能提出哪些有价值的问题？

这节课，我们带着这些问题进行探究学习。

二、合作探究，解决问题

合作探究（一）

自由读课文第三自然段。

1. 圈出表示方位的词语。

2. 画出描写三味书屋陈设的句子。

3. 想一想：这段话是按照什么顺序叙述的？

（自主阅读——独立思考——对子交流）

汇报：

1. 在这段话中，表示方位顺序的词有哪些？

2. 三味书屋有哪些陈设？

指名说，齐读。

3. 这段话是按照什么顺序叙述的？

4. 这是鲁迅先生小时候读书的地方。请同学们观察一下我们今天上课的地方，你能用上一些方位词说一说这间教室吗？

指名说。在本子上写一段100字左右的介绍。

读一名学生的作文。

过渡：这就是我们的教室，一间宽敞明亮的教室，一间充满现代化气息的教室。在鲁迅先生的三味书屋，虽然没有这些现代化的教育设备，但是在书屋的后园里，却有许多蜡梅花，同学们想看一看吗？

出示图片，看了这些图片，你能想到哪些优美的词语呢？

我们来学习课文，看课文中是如何描写梅花的。

合作探究（二）

用自己喜欢的方式读课文 4 至 8 节。

思考：

1. 蜡梅花有哪些特点？

2. 鲁迅是一个怎样的人？

3. 作者为什么要写蜡梅花？

（自主阅读——独立思考——小组讨论）

汇报一：蜡梅有什么特点？

1. 蜡梅开得正盛，几乎满树都是花。（读出花的多。）指导读句子

2. “白里透黄、黄里透绿”“润泽透明”我觉得作者笔下梅花的颜色很美，“像琥珀或玉石雕成的”这句话中我仿佛看到了梅花那高雅的姿态。

3 “梅飘香而送暖”（读出梅花的香）

4 “二十四番花信风，一候是梅花，开得最早”，从第一自然段和第二自然段中可以知道，梅花开的时候是小寒，是深冬啊！梅花开得最早啊！它具有“早”的精神，它的品质很美。

拓展 1：二十四番花信风

花信风，应花期而来的风。根据农历节气，从小寒到谷雨，共八气，一百二十日。每气十五天，一气又分三候，每五天一候，八气共二十四候，每候应一种花。

拓展 2：我们以前也学过一首写梅花的诗，同学们还记得吗？指名背。

老师今天也带来了一首诗。

雪梅

宋代·卢梅坡

梅雪争春未肯降，骚人阁笔费评章。

梅须逊雪三分白，雪却输梅一段香。

指名读，齐读。

汇报二：鲁迅是一个怎样的人？

1. 鲁迅是一个喜欢早到的人，从时时早，事事早可以知道。

2. 他是一个很懂事、孝顺的孩子。

出示：那年鲁迅的父亲生了病，躺在床上。鲁迅一面上书塾，一面要帮家务，天天奔走于当铺和药铺之间。

3. 鲁迅是一个对自己要求非常严格的人。鲁迅早晨迟到是为了给父亲看病，是有原因的，可他听了老师的批评并没有为自己辩解，默默地桌子上刻了一个早字，来激励自己要时时早，事事早。

4. 出示课件："鲁迅听了没有说什么，默默地回到座位上。他在书桌上轻轻地刻了一个小小的字'早'。从那以后，鲁迅上学就再也没有迟到过，而且时时早，事事早，奋斗了一生。"

指名读。

5. 同学们，这个"早"字仅仅刻在鲁迅的书桌上吗？

鲁迅实际上是把"早"字刻在了心里，时时鞭策自己，勉励自己，要时时早、事事早。

6. 我们来看一下，鲁迅和梅花有什么相同的地方？

因此，这篇课文写梅花是为了写——鲁迅。这种写法就是"以物喻人"。借梅花的冰清玉洁来赞美鲁迅的高尚品德。

鲁迅在自己的书桌上刻了一个早字，从此时时早，事事早。我们要不要也在桌子上刻上一个早字？我们要把早字刻在心里。

同学们知道有哪些关于珍惜时间的名人名言吗？

老师也搜集了鲁迅的几句名言，让我们来一起读一下。

三、拓展延伸，举一反三。

哪里有天才，我是把别人喝咖啡的工夫都用在工作上的。

生命是以时间为单位的，浪费别人的时间等于谋财害命；浪费自己的时间，等于慢性自杀。

时间就像海绵里的水一样，只要你愿意挤，总还是有的。

——鲁迅

板书设计：

4 早

梅花　　鲁迅

以物喻人

二泉映月（第二课时）

教学目标

1. 正确流利有感情地朗读课文，背诵第四、五自然段。

2. 感受名曲《二泉映月》，学习阿炳敢于同命运抗争，矢志不渝追求美好理想的精神。

教学重难点

背诵课文，感受名曲。

一、检查复习，质疑导学

1. 这节课，我们继续学习第 10 课。齐读课题。

2. 通过上节课的学习，谁能用这样的句式概括课文的主要内容？

出示：这篇课文主要写阿炳创作了名为（　　）的二胡曲，这首曲子深受（　　）的喜爱，在（　　）也享有盛誉。

指名读，齐读。

3. 读了这句话，你的心中产生了哪些疑问？

（1）阿炳在什么情况下创作二泉映月的？

（2）二泉映月表达了阿炳什么样的思想感情？

（3）这首曲子为什么深受人们的喜爱？

4. 这节课，我们就带着这些问题走进课文，走近《二泉映月》，走进阿炳的精神世界。

二、合作探究，解决问题

合作探究（一）

自由朗读课文第3、4自然段。思考：阿炳在什么情况下创作了《二泉映月》？

学法指导：自主阅读——独立思考——小组交流

汇报交流。

1. 在一个中秋节的夜晚，阿炳来到二泉边，想起了师父说过的话，想到了自己坎坷的经历，对生活有所感悟的情况下创作了《二泉映月》。

评价：你把阿炳创作二泉映月的过程简洁地概括了出来。

（1）那么，师父对他说过什么样的话呢？

（2）十多年过去了，当年的小阿炳已经长大了。他经历了哪些坎坷的事情呢？

2. 十多年过去了，师父早已离开人世，阿炳也因患眼疾而双目失明。

评价：师父离世，双目失明。这个经历是够坎坷的。

3. 他整天带着墨镜，操着胡琴，卖艺度日。

评价：同学们见过街头卖艺的人吗？他们的生活怎么样呢？

4. 生活的穷困和疾病的折磨，阿炳放弃了对音乐的热爱吗？

5. 但是，生活的穷困和疾病的折磨，泯灭不了阿炳对音乐的热爱和对光明的向往。他多么希望有一天能过上安定幸福的生活呀！

出示：

十多年过去了，师父早已离开人世，阿炳也因患眼疾而双目失明。他整天带着墨镜，操着胡琴，卖艺度日。但是生活的穷困和疾病的折磨，泯灭不了阿

炳对音乐的热爱和对光明的向往。他多么希望有一天能过上安定幸福的生活呀!

6. 这就是阿炳坎坷的人生经历。谁来读。

7. 正是因为阿炳有了这么多坎坷的经历，当他再次来到二泉边，伴随着淙淙的泉水声，听到了这样的声音——

板书：泉声

出示：

渐渐地，渐渐地，他似乎听到了深沉的叹息，伤心的哭泣，激愤的倾诉，倔强的呐喊……）

（1）指名读。

（2）师范读。同学们，你仿佛听到了什么?

A. 我仿佛听到了阿炳在叹息自己的双目为什么会失明呢？请你读出你的感受。

B. 我仿佛听到了阿炳在为师父的离去而哭泣。请你带着你的感受读一读。

（3）老师把它换成这样的句式，谁会读?

过渡：这声音，让阿炳的心颤抖起来。他禁不住拿起二胡，把这流水、月光变成动人心弦的琴声。

板书：琴声

合作探究（二）

自由朗读课文第五自然段。思考:《二泉映月》这首曲子为什么深受人们的喜爱？用横线画出关键的句子或词语，在旁边写一写你的体会。

学法指导：自主阅读——独立思考——小组交流

汇报交流。

1. 琴声委婉连绵，有如山泉从幽谷中蜿蜒而来，缓缓流淌。

（1）这琴声表达了阿炳什么样的感情呢?

出示：这似乎是阿炳在赞叹惠山二泉的优美景色，在怀念对他恩重如山的师父，在思索自己走过的人生道路。

（2）二泉的景色怎么样？课文的开头用了哪两个词语来形容它的优美？能

读出你的感受吗？

（3）他的师父对他怎么样？（恩重如山）

理解“恩重如山”的意思。恩重如山，师恩难忘。带着你的感受读一读这句话。

（4）他的人生道路怎么样？（坎坷、苦难）把你的感受送入朗读。

过渡：优美的景色、慈祥的师父、苦难的记忆都随着这琴声流淌出来。难怪人们喜欢这首乐曲。还有别的原因吗？

2. 旋律升腾跌宕，步步高昂。

（1）这旋律有着怎样丰富的内涵呢？

出示：它以势不可当的力量，表达出对命运的抗争，抒发了对美好未来的无限向往。

（2）这就是高潮部分想要表达的感情。谁来读。

老师仿佛感受到了对命运抗争的力量，谁能使抗争的力量更强一些？

（3）要把乐曲推向高潮，也许一个人的力量小了一点。让我们一起推。用我们的全部力量和气势，把乐曲推向高潮。

过渡：阿炳虽然双目失明，但是没有向命运屈服，依然对未来充满了向往。这是人们喜欢这首曲子的理由。还有别的原因吗？

3. 乐曲舒缓而又起伏，恬静而又激荡。

（1）这部分又表达了阿炳怎样的心声呢？

板书：心声

出示：阿炳用这动人心弦的琴声告诉人们，他爱那支撑他度过苦难一生的音乐，他爱那美丽富饶的家乡，他爱那惠山的清泉，他爱那照耀清泉的月光……

（2）你是如何理解支撑他度过苦难一生的音乐这句话的？

（3）这里的省略号你能再补充一两句吗？

过渡：同学们，病魔摧毁不了他热爱音乐的意志；坎坷改变不了他热爱家乡的信念；苦难使他成为一个生活的强者。好吗？

4. 老师读红色字体，同学们读黑色字体。读完让学生说说发现了什么？

5. 男女生分角色读。男生读琴声特点，女生读琴声表达的思想感情。同学

们练读，把这段话背下来好吗？

6. 谁来看着屏幕上的提示背这段话。

过渡：就这样，一首不朽的名曲诞生了。我们来齐读最后一段。

三、检测评价，当堂达标

1. 是啊，此曲只应天上有，人间哪得几回闻。今天，就让我们静下心来，用心去感受这首不朽的世界名曲。

2. 放一分钟后，音乐渐弱。此时此刻，你能感受到什么呢？

四、拓展延伸，举一反三

阿炳一生创作了二百多首乐曲，留存下来的只有二胡曲《二泉映月》《听松》《寒春风曲》和琵琶曲《大浪淘沙》《昭君出塞》《龙船》。课后，同学们可以搜集倾听，进一步了解阿炳，感受中国罕见的民间音乐家的伟大。

诚实与信任（第一课时）

教学目标

1. 正确、流利地朗读课文，分角色朗读“打电话”部分。
2. 学习本课生字新词，理清文章脉络，了解主要内容。
3. 初步感受诚实和信任比金钱更重要的道理。

教学重点

理清文章脉络，了解主要内容。

一、激趣揭题，导入新课

1. 同学们，你们喜欢交朋友吗？（喜欢）喜欢交什么样的朋友呢？（诚实、乐于助人等）是的，我们都喜欢和诚实的朋友相处。（板书：诚实）因为诚实是智慧之书的第一章，诚实是中华民族的优良传统。那么，你们想和徐老师交朋友吗？说一说为什么呢？谢谢大家对徐老师的信任。（板书：信任）

2. 今天，我们一起来学习 20 课《诚实与信任》。齐读课题。

3. 课题中的“诚”是个生字，你能快速地记住它吗？它与“城市”的“城”长相差不多，你能区分它们吗？

4. 看着课题，你能提出哪些有价值的问题呢？

（谁诚实？谁得到了别人的信任？谁信任谁？……）

5. 师：接下来，我们就带着这些问题来学习课文。

二、初读课文，整体感知

1. 自读课文。

自读要求： 1. 读准字音、读通句子，联系生活或上下文理解文中的生字新词。 2. 找出含有课题的一句话。想一想，这句话告诉了我们什么？

2. 检查自读效果。刚才同学们读得都非常认真，有信心接受检查吗？

（1）出示生字：驱　陌　搁　诚　障　碎　辆　超　厘　毕　责　寄　地　址

指导写字。左右结构的字，左窄右宽。范写“碎”。上下结构的字，注意长横，字才能稳当。范写“寄”。半包围结构的字。“厘”的撇长一些，注意厂字头。

（2）出示第一组词语：驱车、布鲁塞尔、能见度、碰碎

A 指名读词语。

B 说一说你理解了哪个词语。

驱车：驾驶车辆。

布鲁塞尔：比利时的首都，如今已发展成为欧洲生活条件最好的城市。

能见度：眼睛能看见物体的清晰程度。

C 你能用上“因为……所以……”把这些词连成一句话吗？联系课文内容试试看。（这就是故事的起因）

（2）出示第二组词语：超出、厘米、毕竟、责任、联系

A 指名读词语。

B 你能自己用上一个关联词语，把它们连成一句话吗？

（3）看来，用上关联词语说一个句子难不倒大家。现在，你能用上这两组

词语说一段话吗？

小结：刚才我们所说的内容，实际上就是课文哪几个自然段的内容啊？同学们想读一读吗？指名读课文 1 至 3 节。

过渡：我在小红车上留下了电话，车主与我联系了吗？（联系了）课文哪几个自然写了他们打电话的内容？（4 至 10）

请同学们自由地练读，等会我们来分角色朗读。

3. 含有课题的那句话，同学们找到了吗？谁来读一读。

出示：“不，人与人之间还有比金钱更重要的东西，你给我留下了诚实和信任，这比金钱更重要。”

（1）这里的诚实指的是什么？信任是指什么？

小结：课文读到这里，同学们知道小红车的主人叫什么名字吗？知道他的年龄和职业吗？但是他的话却怎么样？为什么他的话会深深地印在我的脑海里呢？因为他的话让我明白了一个道理，那就是——诚实和信任比金钱更重要。

4. 课文读完了，请同学们按照事情的发展顺序给课文划分段落。

第一段（1—3）一天深夜，“我”无意撞碎一辆车的反光镜，主动留下联系方式。

第二段（4—10）小红车的主人打电话向“我”表示感谢，“我”向他表示歉意。

第三段（11）小红车主人的一番话深深地印在“我”的脑海里。

6. 课文的层次理清了，同学们能概括一下文章的主要内容吗？

“我”（不小心）撞碎了小红车的（反光镜），在（无人知晓）的情况下主动留下（字条）。后来，车主打电话向“我”（表示感谢），“我”向他（表示歉意）。说明了（诚实和信任）比（金钱）更重要的道理。

板书：感谢 歉意

三、学生质疑，设下悬念

1. 同学们，学贵有疑，根据板书的提示，你的心中有什么疑问吗？

（1）课文为什么以“诚实与信任”为题?

（2）我碰碎小红车的反光镜,小红车自己停得不好也有错,我环顾四周无人，为什么还要留下字条?

（3）小红车主人为什么不要我赔钱，还反过来对我表达谢意呢?

2. 同学们用非常敏锐的眼光，发现了许多很有价值的问题。课后先自己思考思考，下节课老师带领大家继续深入地学习课文，好吗？ 今天这节课就上到这里，下课。

谁的本领大（第二课时）

教学目标

1. 分角色朗读课文，感受人物的特点。会用“觉得”造句。

2. 懂得每个人都有自己的长处和本领，要正确地认识自己，看待他人。

教学重难点

领悟文章阐明的道理。

一、检查复习

1. 导入：上节课，我们初读了课文《谁的本领大》。现在，我们也来比一比，看看哪一组，哪位同学的本领大？

（出示词语）

推 难受 本领 碰到

挂 船夫 正巧 脱下

2. 指名读。齐读。

二、精读课文

1. 过渡：通过上节课的学习，我们知道这篇课文讲的是（　　）和（　　）比本领的事。

指名回答，师板书：风　太阳

他们共比了__次。

2. 精读第一部分。（1—3 节）

（1）过渡：风和太阳一共进行了两场比赛，我们先来看第一次比赛，看他们谁的本领大一些？请同学们自由读读第一至第三自然段，读完后和同组的小朋友讨论一下：风和太阳为什么要比本领？

生读完后指名回答。

（2）设问：谁能用课文里的话回答风和太阳为什么要比本领呢？

指名回答。

（课件出示图片）

师：我们来看这幅图，你看到了什么？

（看一看他们的大拇指是送给谁的？自己）

他们都在说——自己的本领大。

师：假如老师是风，同学们是太阳，谁愿意跟老师一起来演一演。

师和生 1：我的本领大。

生 1：我的本领大。

师和生 2：我的本领特别大。

生 2：我的本领特别大。

师：我的本领最大。（同学们一起回答）

生（齐）：我的本领最大。

（3）风和太阳都说自己的本领大，正巧前面来了一个孩子，谁来说一说，他们第一次比的是什么？

学生读后交流。（板书：脱下孩子的外衣）

（4）谁能来用课文中的话来告诉老师？

出示：太阳说："谁能脱下那孩子的外衣，就算谁的本领大。"

谁再来读一下这句话。

A. 你们觉得太阳在说这句话的时候，他的心里是怎么想的？

（自信）他觉得自己肯定怎么样？（能赢）

B. 谁能用朗读来告诉老师，太阳非常自信。

C. 指名读，齐读。

（5）对于太阳的挑战，风觉得自己能赢吗？你从哪里看出来的？

指名回答。

评价：你读书的本领真大，一下子就说对了。

出示：风说："那还不容易！"说着就"呼呼"地吹起来。

谁来读一读这句话。谁能加上动作再读一读。

师：听到他的朗读，老师觉得脱下那孩子的衣服真是小菜一碟。

孩子的衣服脱下来了吗？（没有）

师：风那么用力地吹着，为什么没把孩子的衣服吹下来呢？

生：是因为风太大，孩子感到很冷，所以他要将衣服裹得紧紧的。

（6）看到风没能脱下孩子的衣服，太阳是怎么说的，怎么做的？

出示：太阳对风说："看我的吧。"说着便发出强烈的光。

请同学们自由练读这句话，可以加上你的动作。

师：听他这一读一拍，你体会到了什么？

生：骄傲，了不起，得意。

相机评价：你看像他这样读就真正做到了会读书，真不简单！同学们像他那样读一读。生齐读。

太阳发出了强烈的光。在生活中，你觉得是什么时候的光很强烈，是冬天的还是夏天的？（夏天）

夏天什么时候的光最强烈。（中午）

夏天的中午，强烈的阳光照在你的身上，你会觉得怎么样？

谁能用“觉得”说一句话？

出示图片。

师：看图，这个孩子觉得怎么样？（热极了）

从什么地方看出来？（满头大汗）

这么热的天气，他会怎么做？

3. 自主学习第二部分。

过渡：第一次比赛是谁赢了？（太阳）风会服输吗？（不服）

我们一起来观看第二场比赛，看这次的情况怎么样？请同学们自学第四到第八自然段，我们来看一下自学要求。

（1）出示：第一步：同学们自读 4 至 8 自然段，边读边作出标记。

（A）圈出比赛的内容；

（B）用波浪线画出太阳说的话；

（C）用横线画出太阳和风是怎么做的；

（D）用（　）标出结果怎么样。

第二步：在小组内交流，互相读一读。

（2）汇报交流。

A. 谁来说一说这次比的是什么。

板书：让船走得快些

B. 第二天，太阳说了几句话，第一句是什么，谁来说一下？

出示：第二天，风和太阳又碰到了一起，太阳得意地说：“风先生，你还敢同我比本领吗？”

这时候太阳感觉怎样呀？（非常得意）

假如同学们都是太阳，谁愿意接受老师的采访？

昨天，你赢得了比赛，你的心情怎么样啊？

今天，你还想跟风比本领吗？

你有把握赢得今天的比赛吗？

真是非常得意的太阳，来，我们一起得意地读一读。

太阳说的第二句话是什么？

出示：太阳说："这有什么难的！"

谁来读一读太阳的话。

"这有什么难的！"这句话是什么意思？

（这一点都不难、这很简单）你能读好这句话吗？（生读句子）

你觉得太阳怎么样？

生：太阳很骄傲，很有自信。

师：这个骄傲的太阳又发出——，想催船夫——。

师：在强烈的阳光下，船夫有什么感受呢？谁愿意做船夫，来接受一下老师的采访。

请问：你现在觉得怎么样？

你有力气摇船吗？

你现在最希望什么？

C. 在这种情况下，风是怎么做的呢？谁来说一说。

生：这时，风"呼呼"地吹了起来。

师：看到刮风了，船夫的心情怎么样？

（很高兴）

我们一起和船夫把话高兴地喊出来——（出示：起风了！快挂帆吧！）

风呼呼地吹起来，结果怎么样？

生：只见风推着帆，帆带着船，像箭一样飞快地前进。

看图，你觉得船跑得快不快？谁能通过朗读表现出来？

D. 师：第二次比赛结束了。假如你是太阳，看到这样一个结果，你会怎么想呢？

生：我很难过。

太阳说的第三句话是什么？谁来说一下。

出示：太阳惊讶地说："风先生，你的本领也不小哇！"

师：太阳看到这个结果，他感觉怎么样？（很惊讶）

为什么会惊讶呢？（他没有想到会是这样的结果）

请小朋友一起读这句话，让老师觉得你们很惊讶。

出示图片：看图，说一说，你看到了什么？这时太阳的大拇指是送给谁的呢？

小结：同学们，两次比赛结束了。他们第一次比的是谁能脱下孩子的外衣，这次是太阳赢了；我们奖给他一颗五角星；他们第二次比的是谁能让那条船走得快些，这次是风赢了，我们也给他加颗五角星。

师：你觉得太阳和风谁的本领大？

(鼓励学生用“我觉得 ”的句式说一个较完整的句子。)

三、分角色多种形式朗读课文

风和太阳的本领都挺大的，我们班小朋友读书的本领也挺强的，我们分角色读一读课文，比一比谁读书的本领最大？

四、拓展延伸

(课件出示:《伊索寓言》一书)

风和太阳各有各的本领，在古希腊有个寓言家名叫伊索，他的本领也很大，他曾经写了一部寓言集，名字就叫《伊索寓言》。这部书里收集了许许多多有趣的故事，故事背后还都藏着一些引人深思的道理。还有咱们小朋友熟悉的《乌鸦和狐狸》《狼和小羊》的故事。希望你们在课外自己读读《伊索寓言》这本书，并选择最感兴趣的故事读给老师、同学或家人听。

五、当堂达标

1. 课文写了(　　)和(　)比本领。(　)能很快脱下孩子的外衣，(　　)谁能让船走得飞快。

2. 学完课文，你最想对他们说的话是：(　　　　　　)。

世界上第一个听诊器（第二课时）

教学目标

1. 能正确、流利、有感情地朗读课文。

2. 理解由生字组成的词语。会用“如果……就……”“果然”造句。

3. 理解课文内容，懂得任何发明创造都离不开观察和实践，我们应该从小养成爱观察、肯动脑的习惯。

教学重难点

通过诵读感悟，知道任何发明创造都来源于实践的道理。

一、复习检查

1. 听写词语。

异常 如果 缓步 仔细 分析 研究 效果 思索

2. 对照屏幕自改，订正，齐读词语。

二、学习课文第一自然段

1. 同学们，你们知道思索是什么意思吗？（板书：思索）

（思考、考虑）

2. 出示图片：我们来看图片，雷奈克医生正在干什么呢？

（思索）

3. 他在思索什么呢？请同学们自由读第一自然段，找出相关的句子。

出示：他想：一个人如果有了疾病，他的内脏运动就会出现异常。有没有办法及早发现人体内的这些变化呢？他整日思索着。

指名读。理解整日思索。

4. 雷奈克作为一名医生，他眼睁睁地看着病人在痛苦中死去，心里十分难过。假如你是雷奈克医生，你一定会在想：

出示：

如果我能早一点发现人体内脏的异常变化，就能治好病人的病了。

如果我能对病人及时诊断，那些病人就不会痛苦地死去了。

5. 齐读。看来，及早发现人体内脏的变化，是多么重要啊！我们把这句话齐读一遍，体会一下雷奈克难过而又沉重的心情。

三、学习第二自然段

1. 面对这样一个世界性难题，雷奈克医生是怎么解决的呢？我们来学习第二自然段。

出示自学要求：

自由朗读第二段，小组内交流，雷奈克是怎样发明第一个听诊器的？

2. 班级交流。哪一个小组的同学来说一说雷奈克是怎样发明听诊器的？

生：雷奈克发明听诊器是从两个小男孩玩跷跷板中得到的启示。

3. 出示：一天雷奈克缓步从一个花园走过，突然被两个正在玩跷跷板的男孩吸引住了。

指名读。

是什么把雷奈克吸引住了？同学们，你们玩过跷跷板吗？（玩过）如果像你们那样的玩法，会吸引住雷奈克吗？（不会）

书中两个小男孩子是怎么玩的呢？我们来看一下图片。

4. 出示图片让学生观察。指名说一说，两个孩子是怎么玩跷跷板的。

出示：只见他们一个站在这头，弯着腰，把耳朵紧贴跷跷板，一个蹲在那头，用一枚铁钉在板子上轻轻地划着。

画出这句话中表示动作的词语。从这些动作，你可以看出什么呢？（玩法很奇特，态度很认真）

指名读。

从这里，我们可以看出，雷奈克医生观察得怎么样？他真是一个善于观察的人。（板书：观察。）

同学们，假如你是雷奈克医生，看到这个情景，你会想什么呢？

出示图片。

那个男孩子在听什么呢？能听到吗？

5. 我们也来做个小实验试一试：用手指轻划桌子的一端，用耳朵紧贴课桌的另一端倾听，亲身感受一下。

师：能听到声音吗？

生：听到了，有声音的。

6. 通过这个实验，你知道了什么？（木板是可以传递声音的）

你原来知道吗？现在我们通过实验知道木头可以传递声音的，觉得心情怎么样啊？

7. 雷奈克知道吗？他是怎么知道的？

出示句子：

“原来，通过木板，在另一头能清楚地听到划木头的声音！雷奈克试了试，

声音果然沿着木板传了过来。”指名读。

师：“果然”说明什么？

生：说明雷奈克猜想会有声音穿过来，一试果然真能穿过来。

8. 前面这句话写的是雷奈克的猜想，果然说明通过实践证实猜想是正确的。（板书：实践。）谁能联系生活实际，用“果然”造句。

出示填空练习：

她说今天来陪我玩，今天早晨她果然来了。

昨天的天气预报说今天有雨，今天上午果然下起了大雨。

9. 雷奈克发现这个秘密后，他是怎么做的呢？

生：他把一本笔记簿卷成筒儿，一头靠近病人的胸腔，另一头凑近自己的耳朵。啊！呼吸声、心跳声都听到了！

出示：啊！呼吸声、心跳声都听到了！

10. 让我们一起走进雷奈克的内心世界，读读这段话。

生自由读。

师：此时雷奈克心情怎样？

生：我想雷奈克一定是非常激动的，我从句子中两个感叹号看出来的。

师：为什么会这么兴奋、激动？

生 1：因为他能听到病人的心跳声、呼吸声了。

生 2：因为他能早发现人体内的异常变化。

生 3：因为他可以治好病人了。

指名读。齐读

小结：读得很流利，我听出来雷奈克的高兴，他整日思索的问题终于解决了，这怎么能不令他欣喜若狂呢？但是，雷奈克有没有就此满足呢？我们来学习第四自然段。

四、学习第四自然段

1. 指名读。

2.“又发现”中的“又”是什么意思？“又发现”说明什么？（他还在不断改进，不断完善）

板书：改进。

3. 从孩子司空见惯的游戏中，雷奈克能够受到启示，发明了听诊器，从而解决了医疗难题。从这件事中，你懂得了什么道理？

（只要做有心人，细致观察生活，肯动脑筋，便会有所发现。）

4. 你知道吗？

炸药的发明者是（诺贝尔）飞机的发明者是（莱特兄弟）

电话的发明者是（贝尔）　　　　电灯的发明者是（爱迪生）

五、拓展延伸

1.3 年之后，雷奈克写了《论间接听诊法》一书，介绍了听诊器的发明，描述了听诊时所发现的各种不同声响，尤其是有关肺部疾患的内容更为丰富。由于听诊器的发明，雷奈克能诊断出许多不同的胸腔疾病，他也被后人尊为“胸腔医学之父”。

2. 出示图片。了解现在医生常用的和新型的听诊器。

作业：补充习题第 5 题。

板书设计：

13 世界上第一个听诊器

思索

观察　发明

实践

改进

台湾的蝴蝶谷（第二课时）

教学目标

1. 能正确、流利、有感情地朗读课文。

2. 抓住关键词句，借助多媒体课件，感知课文中的奇异美景，激发学生对祖国宝岛台湾的热爱之情。

教学重难点

读中感悟蝴蝶谷的美丽景象。

一、复习导入

1. 同学们，上节课布置大家背诵课文第一自然段，都会背了吗？请小组内对面的同学互相检查。

2. 通过上节课的学习，我们知道台湾的山——多，山谷也——多。（出示图片）师指着图片，这上面的叫做——山，下面的就叫做——谷。

二、学习第二自然段

在这里，有特别美丽的蝴蝶谷，同学们想进去看一看吗？（想）

在旅游之前，老师有一个小小的要求，我们要先了解一下：这里为什么叫蝴蝶谷？

1. 出示：自由读第二自然段，在小组内按6号到1号的顺序交流一下：为什么把这些山谷叫作蝴蝶谷？

是的，你说得非常正确。书中也是这么说的。

2. 出示句子：每年春季，一群群色彩斑斓的蝴蝶飞过花丛，穿过树林，越过小溪，赶到山谷里来聚会。

①在作者的眼中，蝴蝶是什么样子的呢？文中有一个词语是？（“色彩斑斓”）

“色彩斑斓”是什么样的呢？我们一起来欣赏一下。

课件出示：形态各异、色彩丰富的蝴蝶照片。

蝴蝶的色彩这么丰富，所以说它们是——色彩斑斓。

指导朗读。让我们把这段话美美地读一读。

3. 在作者的眼中，蝴蝶的动作又是什么样的呢？请同学们在书上圈出描写蝴蝶动作的词语。

课件出示句子：每年春季，一群群色彩斑斓的蝴蝶飞过花丛，穿过树林，越过小溪，赶到山谷里来聚会。

这些词语都是描写蝴蝶动作的。

课件字体变色：飞过 穿过 越过 赶到 聚会

（1）如果把“飞过”“穿过”“越过”这三个词语都改成“飞过”，可以吗？

课件出示：每年春季，一群群色彩斑斓的蝴蝶飞过花丛，飞过树林，飞过小溪，赶到山谷里来聚会。

请同学们小组内对面的同学讨论一下，两句话，哪句好，为什么？

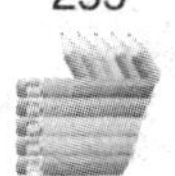

哪个小组来说一说。

这样写不但显得用词重复，而且也不准确。

指导朗读。

（2）像这样的用词准确生动的句子，我们在《木兰从军》那一课也学习过。课件出示：木兰告别了亲人，披战袍，跨骏马，渡黄河，过燕山，来到了前线。

（3）出示填空题：小朋友们能把这一句连起来读一读吗？

每年春季，一群群色彩斑斓的蝴蝶赶到了山谷，所以——人们把这里叫做蝴蝶谷。

三、学习第三自然段

这么多的蝴蝶们都飞来了，蝴蝶谷的景象怎么样呢？我们继续学习第三自然段。

1. 出示自学要求：

（1）轻声朗读第三自然段；

（2）这段话是围绕哪句话写的，用“——”画下来；

（3）和小伙伴们讨论：具体写了哪些蝴蝶谷迷人的景色？

2. 哪个小组来汇报一下：这段话是围绕哪句话写的？

板书：景象迷人

出示句子：蝴蝶谷里的景象非常迷人。

这段话都是围绕这句话来写的，这样的句子叫这段话的中心句。

3. 那么，课文到底写了哪些蝴蝶谷迷人的景象呢？哪个小组来汇报一下。

出示图片。看到这种景象你最想说什么？（多、美丽、真好看、很壮观）。

师：同学们说得真好，相信大家读得更好。请你读一下。

出示：有的山谷里只有一种黄颜色的蝴蝶，在阳光的照耀下，金光灿灿，十分壮观。

听了你的朗读，老师仿佛看到了美丽的黄蝴蝶。

师：如果让你给这样的山谷起一个名字，你会起一个怎样的名字？

（生：黄金谷、黄蝶谷、金蝶谷）板书。

4. 刚才，我们看到了金光灿灿的黄蝴蝶，十分迷人。那另外一个山谷又是一番什么样的景象呢？谁来说一下。

出示图片：（引说）这几种蝴蝶上下翻飞，五彩缤纷，就像谁在空中撒了一把把五颜六色的花瓣。

师：如果刚才的山谷叫黄蝶谷的话，这个山谷又可以叫什么呢？（彩蝶谷）板书。

（1）出示：有的山谷里有几种蝴蝶，上下翻飞，五彩缤纷，就像谁在空中撒了一把把五颜六色的花瓣，随风飘来，又随风飘去。

这一句话里，有两个描写颜色的词语，它们分别是？（五彩缤纷、五颜六色）。

第二段里我们学过一个形容颜色多的词语是？（色彩斑斓）他们都表示颜色，都是近义词。

你还知道哪些表示颜色的词语？（万紫千红、五光十色、色色俱全、绿油油、红彤彤、白茫茫等）

5. 同学们，黄蝶谷里金光灿灿的景象十分壮观，让我们真切地感受到了，出示第一句："蝴蝶谷里的景象非常迷人。"齐读。彩蝶谷里的景象也是如此美丽，难怪作者会说，再读第一句："蝴蝶谷里的景象非常迷人。"

6. 同学们，老师把课文变成这样，你们还会读吗？大家自由试一试。

7. 台湾除了黄蝶谷、彩蝶谷，还会有哪些蝴蝶谷呢？请同学们仿照这样的句式，在小组内按照 1 号到 6 号的顺序说一说，选出说得最好的一位同学到班内交流。

（课件出示想像练习）

★有的山谷里只有一种白颜色的蝴蝶，远远望去，像朵朵雪花，漫天飞舞.

★ 有的山谷里只有一种 ___ 颜色的蝴蝶，________________________。

有的山谷里只有一种红颜色的蝴蝶，在傍晚的霞光中，看上去红彤彤的一片，像撒了一地的红宝石，闪闪发光。

★有的山谷里只有一种紫颜色的蝴蝶，在晨风中翩翩起舞，像满地盛开的紫罗兰。

★有的山谷里只有一种绿颜色的蝴蝶，在阳光的照耀下，像一片片飘舞的树叶。

四、学习第四自然段

1. 这些美丽的蝴蝶，吸引着你，吸引着我，也吸引住了大批中外的游客。同学们，假如你们就是一群美丽可爱的蝴蝶，徐老师现在正和同事们去你们谷里游玩，你们会怎样欢迎我们呢？

指名回答。

2. 相机理解“团团围住”“翩翩起舞”。

3. 你们会对我们说些什么呢？

五、当堂检测

真是一群可爱的小精灵啊！老师真想在蝴蝶谷多玩一会儿啊！但是。时间已经到了和蝴蝶谷说再见的时候了。我们能记住这些美丽的蝴蝶朋友吗？（能）好，请同学们拿出补充习题，完成 46 页的第四题。

六、总结全文，升华感情

台湾不仅蝴蝶美，山美，水也美，希望美丽的台湾能早日回到祖国妈妈的怀抱，祝愿我们的祖国更加繁荣、富强！

青铜葵花（导读课）

教学目标

1. 激起学生阅读《青铜葵花》的兴趣，引发阅读期待。
2. 教给孩子选择读物的方法和阅读课外书的方法。
3. 感知曹文轩纯美文字的风格，在字里行间找寻一份久违的童话气质。

教学重难点

感知曹文轩纯美文字的风格，激起学生阅读《青铜葵花》的兴趣。

教学流程

一、积累知识，亲近书本

1. 同学们，你们一定都很喜欢读书吧，谁来说一说读书的名言。

指名回答。

2. 同学们通过读书都认识过哪些人呢？

指名回答。

小结：的确！读课外书可以让我们认识很多人物，从中学到很多知识。今天，老师也要带着大家去认识一个人。

3. 这个人是谁呢？谁来读一读。

（投影出示曹文轩介绍）

二、走近文本，亲近文学

1. 今天，老师就带来了他的著作《青铜葵花》。咱们再来猜一猜这本书可能会写什么呢？

生：可能会写到“美”，因为我看到封面上介绍他是一位“纯美小说”作家。

生：可能会写到很多人物，各种各样的人物！

……

2. 师：同学们，那么你现在最想做的是干什么？

生：赶快读一读这本书！

3. 哎呀，厚厚一本书，该怎样去读呢？谁能告诉老师，你有哪些方法可以先了解到这本书的大概内容？

【封面、封底、目录、内容提要】

4. 介绍封底文字。

曹老师在这本书的封底留下了这么一段文字，让我们先一起来读一读吧。（出示：封底留言）

每一个时代的人，都有每一个时代的人的痛苦，痛苦绝不是今天的少年才有的。少年时，就有一种对痛苦的风度，长大时才可能是一个强者。

5. 同学们试猜，这本书可能会讲一个怎样的故事？

6. 读内容提要。（出示：内容提要）

本书是作家曹文轩在2005年激情奉献、心爱备至的最新力作。

这是一个男孩与女孩的故事。男孩叫青铜，女孩叫葵花。一个特别的机缘，让城市女孩葵花和乡村男孩青铜成了兄妹相称的朋友，一起生活、一起长大。

12 岁那年，命运又将女孩葵花召回她的城市。男孩青铜从此遥望芦荡的尽头，遥望女孩葵花所在的地方……

作品写苦难——大苦难，将苦难写到深刻之处；作品写美——大美，将美写到极致；作品写爱——至爱，将爱写得充满生机与情意。

7. 简介目录。

你是不是已经对这本书产生了极大的兴趣？想知道这本书写了哪些故事吗？那就得来读读书的目录！

出示目录：

指名读。说一说最想读哪一章？并说一下原因。

小结：看来，拿到一本新书，我们要读封面，读作者，读内容提要，读目录，这样才能对一本书有个初步的了解。

三、赏析片段，了解童年

（一）走近青铜

1. 了解了书的大概，现在同学们一定很想知道故事的来龙去脉。比如说你现在很想知道……指名说？（青铜是一个怎样的孩子？葵花又是一个怎样的孩

子呢？后来他们的命运怎样呢？）

2.故事发生在大麦地,那里有一条宽宽的河,有成片成片的芦苇荡。然而——

出示：在青铜五岁那年的一个深秋的夜晚，芦苇荡一片火海，大火过后，大麦地成了一片凄惨的黑色。青铜开始发热发烧，等体温恢复正常后，人们惊奇地发现，原本说话流利的青铜，一夜之间竟成了一个听得见别人说话，却再也说不出话来的哑巴……

你读懂了什么？大麦地遭受了什么？青铜呢？这一切对于青铜来说意味着什么？（他失去了语言，失去了朋友，失去了快乐……）

2. 书的结尾有这么一段话(出示):

他无声无息地躺在地上。不知过了多久，他醒来了。他靠着草垛，慢慢地站了起来。他看到了葵花——她还在水帘下跑动着，并向他摇着手。

他张开嘴巴，用尽平生力气，大喊了一声："葵——花！"

泪水泉涌而出。

读了这段话，你产生了什么疑问？

顺势设疑：哑巴青铜怎么会说话了？不幸的他为什么到了结尾还要流泪呢，又会是什么原因使得一个哑巴开口说话了呢？只有走进书中才能解开心中的谜团。

（二）走近葵花

我们再来认识一下葵花。出示：

葵花一眼就看到了在水面上漂动的画稿，这孩子立即大声叫道："爸爸！"她在人群里钻来钻去，不时地仰起脸来打量着那些大人的面孔，"爸爸！……"

干校的人发现了她，立即有人过来，将她抱住。她在那人的怀里拼命挣扎，两只胳膊在空中胡乱地挥舞不停："爸爸！爸爸……"

她再也不可能听到爸爸的应答了。

……

不一会儿，葵花的嗓子便哭哑了，直到完全发不出声来。冰凉的泪珠，顺着她的鼻梁，无声地流向嘴角，流到脖子里。她向大河边伸着手，不住地抽噎着。

（1）自由读。

（2）指名读。

（3）读了这段话，你的脑海中有画面吗？你仿佛看到了什么？

（4）这段话让你心中有疑问吗？

小结：在这本书中，像这样的扣人心弦的情节还有很多。因为，作者（出示）写苦难——大苦难，将苦难写到深刻之处。

齐读这句话。

（三）走近青铜家

过渡：葵花的爸爸去世以后，青铜家收养了葵花，让我们一起走进青铜的家里。出示：

青铜的家像一辆马车。一辆破旧的马车。在过去的许多年里，它在坎坷不平的路上，风里雨里地向前滚动着。车轴缺油，轮子破损，各个环节都显得有点松弛，咯吱咯吱地转动着，样子很吃力。但，它还是一路向前了，倒也没有耽误路程。

（1）阅读这段文字，你从中感受到了什么？从哪句话感受出来的。

（2）从文字中我们感受到，他们一家是怎样面对这样艰难的生活？

（3）指导读。读出生活的艰难，读出面对苦难的坚强

四、推荐阅读，明确要求

过渡：同学们，一本好书就像一个大宝藏。同样的宝藏，有些人能找到很多宝贝，有些人却找不到，关键就在于他们“挖宝藏”的方法不一样。读课外书也一样，有好的阅读方法，能让我们在同样的时间内有更多的收获。

1. 你知道有哪些好方法吗？（指名说）

2. 课后，请同学们用心走进《青铜葵花》，尽情享受妙词佳句给我们带来的美好感受，让我们的生命因阅读而精彩。好吗？

3. 在阅读过程中，老师希望你们能做到如下要求：

（1）制订读书计划，坚持每天必读，每周至少读三章，三周之内读完。

（2）养成“不动笔墨不读书”的好习惯。围绕使你深受感动的情节和语言特别优美的两个方面，写出自己的批注和阅读感受。

小结：同学们，让我们带着向往与追寻，认真读完这本好书吧，读完之后，可以和老师这位书友交流一下。老师等着大家！最后，让我们让我们一起说出我们读书的口号：

享受阅读，收获快乐！

板书设计：

曹文轩《青铜葵花》

苦难

至爱

大美